U0623946

信息系统可用性对用户情绪的影响研究

李晓军　肖忠东　著

中国原子能出版社

图书在版编目(CIP)数据

信息系统可用性对用户情绪的影响研究 / 李晓军，肖忠东著. --北京：中国原子能出版社，2019.5
ISBN 978-7-5022-9817-3

Ⅰ. ①信… Ⅱ. ①李… ②肖… Ⅲ. ①信息系统一影响一情报用户一情绪一研究 Ⅳ. ①G202②G252.0

中国版本图书馆 CIP 数据核字(2019)第 115315 号

内 容 简 介

在信息系统与用户间物理距离/心理距离日益接近的背景下，传统的人机间“操作”关系向“合作”关系转变，用户情绪成为信息系统成功关键要素，同时，信息系统操作任务诱发的负性情绪也正在对用户认知、绩效及健康产生影响。本书运用用户体验研究理论和方法，在信息系统可用性检查列表工具开发基础上，分别从情绪的主观体验和生理反应两个维度，结合可用性测试实验，分析信息系统可用性问题特征对用户情绪不同维度的影响及原因，以期为信息系统可用性决策提供支撑。本书可供从事信息系统人因工程相关专业科研的工程技术人员参考阅读，也可作为人因工程、信息系统、人工智能专业的研究生参考教材。

信息系统可用性对用户情绪的影响研究

出版发行 中国原子能出版社(北京市海淀区阜成路 43 号 100048)
责任编辑 张 琳
责任校对 冯莲凤
印 刷 北京亚吉飞数码科技有限公司
经 销 全国新华书店
开 本 787mm×1092mm 1/16
印 张 13.5
字 数 175 千字
版 次 2019 年 8 月第 1 版 2024 年 9 月第 2 次印刷
书 号 ISBN 978-7-5022-9817-3 定 价 65.00 元

网址：http://www.aep.com.cn E-mail：atomep123@126.com
发行电话：010－68452845
版权所有 侵权必究

前言

在信息系统与用户间物理距离/心理距离日益接近的背景下，传统的人机间“操作”关系向“合作”关系转变，用户情绪成为信息系统成功关键要素。同时，信息系统操作任务诱发的负面情绪也正在对用户认知、绩效及健康产生影响。理论和实践均证实信息系统可用性会影响用户情绪，而进一步地发现信息系统可用性问题、弄清其对于用户情绪的影响规律和特点，则是系统可用性测试与优化、可用性限值设计、用户情绪管理和干预的必要前提和依据。基于此，本书运用用户体验研究理论和方法，在信息系统可用性检查列表工具开发基础上，分别从情绪的主观体验和生理反应两个维度，结合可用性测试实验，分析信息系统可用性问题特征对用户情绪不同维度的影响及原因，以期为信息系统可用性决策提供支撑。

本书围绕信息系统可用性对用户情绪的影响问题展开研究。全书共分为 7 章。第 1 章，主要阐述用户情绪研究背景及意义。第 2 章，以已报道文献为依据，综述信息系统可用性、可用性问题、情绪及情绪结构的概念内涵及定义、测量等，分析和讨论信息系统可用性对用户情绪影响的理论基础、研究现状及趋势。第 3 章，开展了基于可用性问题分类框架的信息系统可用性检查列表技术研究，为信息系统可用性问题发现和评价提供有效的工具和手段。第 4 章，研究了信息系统可用性问题对用户主观连续情绪的影响，分析不同类型、严重度水平的信息系统可用性问题对用户主观情绪的效价、唤起度及支配度的影响规律及特点，为信息系统用户行为建模和预测、可用性优化决策提供依据。第 5 章，研究了信息系统可用性问题对用户主观离散情绪的影响，分析不同类型、严重度水平的信息系统可用性问题对用户主观情绪类别及强度的影响规律及特点，为信息系统用户的情绪管理及干预提供支撑。第6章，研究了信息系统可用性问题对用户情绪生理反应的影响，提取人机交互过程用户皮肤电导水平特征，分析不同信息系统可用性问题对用户皮肤电导水平指标的影响。第7章，管理实践应用研究，通过某办公自动化系统可用性优化对用户主观情绪的改善、基于个体情绪生理反应的人控转机控模块在模拟指挥信息系统中的应用等案例的分析，探讨了研究结论在管理学中的实践应用。

全书为作者攻读博士学位期间的主要研究成果。成果的取得，得到了西安交通大学管理学院孙林岩教授的悉心指导。同时，本书研究工作也得到了上海交通大学张朋柱教授、华东理工大学李嘉副教授、西安交通大学李怀祖教授的关心和帮助。在本书出版之际谨向他们表示衷心的感谢！

由于时间仓促，作者水平有限，本书难免存在疏漏之处，恳请广大读者批评指正，不吝赐教。

作　者

2019年3月于西安

目　录

第1章 绪 论

1.1 用户情绪研究的意义

1.1.1 信息系统与用户情绪

借鉴德国“工业 4.0”计划，我国制定了“中国制造 2025”行动纲领，提出 2025 年进入世界制造强国行列的阶段目标，强力推动中国向制造强国迈进的步伐(李金华，2015)，并指出以大数据、物联网以及信息物理系统为代表的新一代信息技术将为制造业的智能化升级提供手段和平台。其中，新一代智能制造模式核心就是通过信息物理系统实现人、设备间实时高效地连通、识别和交流，通过计算、通信和控制的协同实现制造系统中的人机合作(周佳军，等，2017)，在人、信息物理系统、环境间关系优化的基础上达成制造过程的智能化目标。在这样的时代背景下，智能化信息系统及设备在工业制造、国防军事、组织办公等领域不断渗透和应用，而工程领域的实践则又进一步牵引了人因工程领域用户与信息系统间关系的研究。

1. 信息系统及应用的普及

飞跃式发展的信息技术正以颠覆性方式深刻影响着人类社会的方方面面，各种类型信息系统在社会、经济、军事、医疗等领域广泛使用，显著地改变了人类的生活、工作模式。例如，Gartner

基于历史统计数据做出的预测指出2020年全球可穿戴设备销量将达到2.67亿台,2015至2020年间将实现18.2%的复合增长率(陆亚鹏,张彦坤,2016),用户个人信息、生理状态、地理位置及环境等个人数据通过可穿戴设备加以采集、存储、处理和共享,社会个体从信息接收者角色向信息产生者和使用者的综合角色转变;信息技术条件下,面对高复杂、高动态及快节奏的作战任务,现代指挥控制系统装备在复杂战场环境下大规模应用,承担着实时、快速、精确地处理、分析和呈现多源异构战场数据的重要角色,以便于各级指挥员的战场态势感知和指挥决策(Richter,Lechner,2011);传统医疗服务与信息技术相结合诞生"互联网+"医疗模式,通过数字化资源、人工智能技术及医学健康知识的有机整合,各类在线医疗服务预约、咨询甚至诊疗信息系统,有望彻底重塑现有医疗生态系统(赵大仁等,2016),有效缓解医疗资源配置不平衡与日益增长的医疗健康服务需求之间的突出矛盾。总体来讲,信息系统功能包含了面向操作的信息形式化处理和面向决策的信息可视化呈现两个方面(Salles,2015),通过自动化操作的方式有效降低用户生理、认知负荷,提高了操作及决策效率。因此,信息系统正在成为人类社会中不可避免的客观存在,信息系统相关研究引起了学术界和工程实践领域的持续关注。

从用户角度分析,信息系统可分为个人应用信息系统和群件系统两类。其中,个人应用信息系统则主要涉及通用型信息系统工具(如微软公司的文字处理软件 Word、在线购物网站系统以及数据库软件系统等)和专业型信息系统(如武器装备嵌入式控制系统、医疗诊断辅助系统、教务管理信息系统等);群件系统是支持同一目标引导下群体协作的信息系统,如IBM公司推出的知识管理信息系统 Lotus Notes、电子邮件系统、大规模协同控制信息系统等。群件系统的主要特征包括协作状态下的多用户参与、问题及目标的同一性、信息及知识的分享支持、硬件方面的互联计算机平台(网络或分布式系统)等(Stair,Reynolds,2003);与之相比较,个人应用信息系统的特征则为单用户相对独立操作、个性化目标引导、信息处理的个体连续性等。总体来讲,在网络技术支持下的多用户协作频率显著升高的情况下,个人应用信息系统依然是当前信息系统应用的主体,对当前社会个体工作、生活、社交等方面影响的深度和广度也更加深远。在这样的背景下,本书以个人应用信息系统作为具体的研究对象。

2. 用户情绪是信息系统成功的关键要素

传统人机交互理论将信息系统看作是用户在完成特定任务过程中所使用的工具设备,并通过功能优化、续航能力提升、外形尺寸及色彩设计等对其进行改善,使其具备更好的使用效果。而随着信息系统设备与用户之间的"距离"(包括物理距离和心理距离两个方面)越来越近,传感器及人工智能技术的进步使得多通道人机交互成为现实(Cassel et al,2000),学术界和工程实践领域人员逐渐认识到对信息系统进行情感化设计成为迫切需求,即信息系统应能够实时感知用户的情绪变化,并有针对性地调整机器行为,促进人机由"操作"关系向"合作"关系转变(Hoc,2000;Nahin et al,2014),提高人机关系的适配程度和友好度。

(1)依据技术接受模型,信息系统用户使用意向受到主观规范、感知有用性及感知易用性共同影响,并决定了用户的信息系统使用行为(如放弃、选择等)(Venkatesh,Davis,2000;Marangunić,Granić,2015),如研究表明,用户感知转移成本、工作不安全感会诱发用户的负性情绪,进而影响信息系统用户抵制行为(张亚军等,2015;张军伟等,2015),而满意等正性情绪则正向影响用户的使用态度以及持续使用意愿(郑大庆等,2014)。同时,情绪会影响用户对于信息系统本身及任务的感知及评价,例如,研究表明恐惧的、愤怒的用户情绪具有相同的效价、不同的支配度,两类用户对于同一事件的判断结果则存在显著差异(Lerner,Keltner,2000);而在 Lerner 等提出的选择模型中,在传统的理性决策模式之外,情绪化决策被认为是个体决策模型的重要组成部分,从理论角度阐释了用户情绪对于个体决策过程的影响(Lerner et al,

2015)。基于此可以推断,情绪通过影响用户对于信息系统的感知有用性及感知易用性,会导致用户对于信息系统接受度的差异。

(2)在情感计算理论研究框架下,设计和开发具有“情绪能力”的拟人化信息系统是其重要的研究目标(Picard,1997;Tao,Tan,2009),以改变传统的人机关系中信息系统“冰冷、呆板”的角色。而在生物反馈控制闭环中,情绪是重要的组成要素,即理想状态下的计算机应具有感知能力,能够实时解读用户的情绪状态变化,并将其作为输入反馈到信息系统控制闭环,进而做出合适的反应输出及控制(Fairclough,2008;Nacke et al,2010)。因此,情绪是具有情绪感知和反馈能力的高智能、高友好性信息系统实现过程中的关键。

(3)从交互情境视角出发,用户情绪,尤其是负性情绪能够为信息系统可用性评价及优化提供线索。情绪评价是信息系统可用性测试的重要组成部分和关键环节(吴彬星等,2015),同时,相关研究也证明了用户情绪体验同信息系统可用性之间存在着相关关系(Jin et al,2009;郭伏等,2013),因此,通过观察和分析信息系统使用过程中用户的情绪状态变化,能够为其可用性评价及后续的优化改进提供证据和切入点,而这也是感性工学进行信息系统情绪化迭代设计的基本思想(Huang et al,2014;Lu,Petiot,2014)。基于上述分析可以发现,信息系统优化过程中,用户情绪评价及发生原因的分析扮演着重要角色。同时,研究也表明用户情绪能够直接影响信息系统绩效(Jeon,2015),融合情绪的人机交互用户行为研究正日益受到关注和重视。

(4)从人因安全角度分析,用户情绪会影响信息系统的人因可靠性,关系到信息系统的有效应用。典型地,研究表明,情绪会影响个体的推理能力(Pham,2007),例如,焦虑情绪会伤害用户的短时记忆能力,导致其花费较长时间去验证逻辑推理的有效性、备选方案审查过程的无序性提高等,并产生较高的空间几何及语义逻辑问题的失误概率(Mueller,1977;Darke,1988;

Keinan,1987);同时,研究还发现,高强度的负性情绪会导致个体的冒险行为倾向增强(Roberts et al,1998),也会间接影响信息系统的总体人因安全水平。

3. 负性情绪影响信息系统用户的认知、绩效及健康

从用户角度出发,信息系统在极大地便利化人类工作和生活的同时,其使用也给用户带来了诸多困扰和问题,比如儿童色情网站对青少年精神健康的侵蚀、移动信息系统(如QQ、微信等)过度依赖与上瘾症、个人隐私与秘密信息泄露、长时间操作导致的个人生理损伤等,其中也包括信息系统人机交互过程导致的负性情绪发生问题。负性情绪,也称为消极情绪,会对人机交互中用户的关注度、记忆、绩效、健康等产生影响(Brave,Nass,2008)。但需要指出的是,负性情绪对于信息系统用户的影响并不全是消极的,也存在着积极、有利的方面。

(1)负性情绪影响信息系统用户的关注度。通过评估人机交互事件对于个体需求满足和目标实现的重要度,情绪能够引导用户给予重要的对象和情境更多的关注,即情境越重要,用户情绪唤起度越高,关注越强烈(Clore,Gasper,2000)。同时,情绪被激发时,更高级的认知处理将评估情绪是否符合预期,并引导用户关注度从负面的刺激材料转移,以减缓情绪的不良影响(Gross,1998)。具体到负性情绪,以愤怒情绪为例,其具有较高的唤起度,用户将对引起愤怒的信息系统人机交互事件(如糟糕的界面设计、系统屏幕显示的负面角色等)投入较多的关注,同时经个体认知处理过程后,用户又可能采取关注转移策略,对该对象进行忽视,以减轻愤怒的体验。

(2)情绪通过将用户更多关注引导到特定的刺激材料,会对记忆的准确性产生影响。特别地,相较于正性情绪,负性情绪将使得用户对于负面人机交互事件具有更加准确的记忆,且具有神经影像学证据支持(Kensinger,2007;Kaspar et al,2015),例如,以“脑白金”为代表的恶俗广告虽然会让受众产生厌烦等负性情

绪,却同时取得不俗的广告效果就是该原理的典型应用。同时,也正是在用户关注的间接作用下,情绪使得用户对于信息系统核心细节具有更高的记忆水平,而相对忽略人机交互过程中其他的背景信息,进而影响信息系统用户操作及使用的学习效果。

(3)情绪会对信息系统人机交互任务,尤其是知识密集型任务的绩效产生影响。在个体层面,正性情绪能够改善用户思考的灵活性,显著增强个体的创造性;在群体层面,情绪智商/能力在群体决策过程中扮演着重要角色,较高的情绪智商/能力显著提升群体决策水平(Ashkanasy,2004)。相对地,负性情绪则会对用户个体及群体层面的任务绩效产生消极影响。

(4)从长时间周期来看,负性情绪可能会影响到个体生理健康。例如,相较于正性情绪对于个体健康的改善效用(Richman et al,2005;Scioli et al,2016),一项针对关系稳定夫妻的20年跟踪研究表明,生气等负性情绪行为会增加罹患心血管疾病的风险(Haase et al,2016)。另外,个体长时间过度的负性情绪也会不同程度地危害人际交往关系、心理健康等,原因可部分归结于高强度、持续的负性情绪往往伴随着精神上的过度兴奋和脑力上的过度疲劳,进而导致人体其他器官的伤害。

综合上述分析和讨论,考虑到信息系统,尤其是信息系统及应用的广泛性、用户情绪对于信息系统成功的关键性作用,以及情绪(尤其是负性情绪)对于用户的认知、绩效及健康的影响,信息系统用户情绪研究正在成为人因工程领域的热点主题,学术界和工程实践领域人员正在将更多的关注投向人机交互过程信息系统用户情绪变化以及负性情绪发生影响因素的研究之中。

1.1.2 本书研究主题及价值

信息系统可用性会对用户情绪产生影响,进一步地,发现信息系统可用性问题、弄清其对于用户情绪的影响规律和特点,则对于系统可用性测试与优化、可用性限值设计、用户情绪管理和干预具有重要意义。从"人—机—环境"系统视角出发,人、信息系统及环境因素都会对用户情绪的发生及变化产生影响。但同时,在信息系统工程实践中,很多情况下人、环境因素是作为约束条件出现的。以军事领域的便携式指挥信息系统为例,系统的用户及使用环境是由作战目标、任务及效果等需求决定的,是信息系统工程中不可选择的约束变量;又如,大型基础设施(如核电厂)指控信息系统的用户和操作环境,同样也是信息系统设计和开发的前提条件,是信息系统应用必然面对的约束变量。本书正是在这样的"人—机—环境"关系条件下,从信息系统的角度出发,基于多维情绪视角,分析信息系统可用性对于用户情绪的影响,研究不同可用性水平下,信息系统用户情绪主观体验、情绪生理反应的变化规律和特点,为信息系统可用性设计与评估、用户情绪管理与干预等提供依据和支撑。

从研究目的角度出发,本书研究目的集中于发现信息系统可用性问题、弄清其对于用户情绪的影响规律和特点,其中,"发现信息系统可用性问题"是"弄清可用性问题对于用户情绪的影响规律和特点"的必备前提和基础。而在信息系统可用性问题对用户情绪的影响研究中,因变量"用户情绪"是多维度概念,既有主观体验的成分,也有生理反应的成分,且两个维度间是互为补充、相互验证和支撑的关系;同时,主观情绪又可以分为维度取向下主观体验和分类取向下的主观体验。因此,为了构建更为全面的研究结论体系,本书从因变量的上述维度出发,组织了研究问题及内容,而这样的问题组织结构也是当前信息系统用户体验研究中较为通行的模式和方法。

本书研究力争解决如下的具体问题:

(1)研究问题1:如何定位和发现信息系统可用性问题?信息系统可用性问题与用户情绪关系的分析中,可用性问题是作为自变量出现的,是实验过程中诱发用户情绪的刺激材料,其有效性关系到研究结论的效度。因此,准确地定位和发现实验对象信息系统的可用性问题,是研究的关键性环节。

(2)研究问题 2:维度取向视角下,不同类型、严重度水平的信息系统可用性问题是如何影响用户主观情绪的? 在主观情绪是连续的假设下,分析自变量可用性问题类型、严重度对于用户主观情绪的效价、唤起度及支配度的影响,为信息系统用户行为建模和预测、可用性优化决策提供依据。

(3)研究问题 3:分类取向视角下,不同类型、严重度水平的信息系统可用性问题是如何影响用户主观情绪的? 在主观情绪是离散的假设下,分析自变量可用性问题类型、严重度对于用户主观情绪的影响,探讨不同可用性问题会诱发用户的哪些类别负性情绪及强度,为信息系统用户的情绪管理及干预提供支撑。

(4)研究问题 4:信息系统可用性问题是如何影响用户皮肤电导水平的? 皮肤电导水平的采集与分析具有对主任务干扰度低、方便、快捷等优势,信息系统可用性问题与用户皮肤电导水平指标间的关系研究,能够为开发基于电生理信号的信息系统可用性测试技术、智能化信息系统设计与开发提供理论和证据支持。

研究问题之间的逻辑关系如图 1-1 所示。其中,研究问题 1 的成果为后续研究提供有效的情绪刺激材料,确保研究结果的效度;研究问题 2、3 体现了信息系统可用性问题对用户主观情绪影响研究的两个不同视角;研究问题 4 是信息系统可用性问题对用户情绪生理反应的影响,与研究问题 2、3 是并列关系。

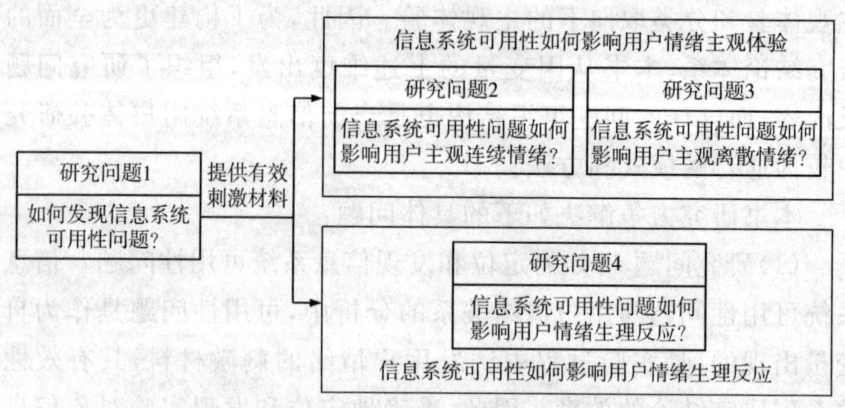

图 1-1 研究问题间逻辑关系

本选题研究意义和价值主要体现在如下方面:

(1)在理论上,该研究是信息系统可用性与用户情绪研究的重要组成内容,并聚焦于信息系统可用性问题对于用户负性情绪的影响特点和规律,是对现有研究在研究对象和方法上的进一步推进和深化,丰富了信息系统用户体验研究内容及理论体系。具体地,在研究对象上,围绕信息系统的用户情绪体验问题,由信息系统可用性特征向不同类型、严重度水平可用性问题,由用户情绪向用户负性情绪主观维度、生理维度深化;在研究方法上,面向问题特征和目标需求,综合运用案例研究、问卷调查、可用性测试实验、方差分析及信号处理等技术。

(2)在实践上,该研究成果将有力支撑信息系统可用性设计及优化、用户体验及健康福利改善、智能化信息系统开发等。其中,信息系统可用性检查列表技术成果,将为可用性问题发现和评价提供手段和工具;维度取向视角下的信息系统可用性问题对用户主观情绪的影响研究,将为信息系统用户行为建模和预测提供依据;分类取向视角下的信息系统可用性问题对用户主观情绪的影响研究,将为用户情绪管理及干预提供支撑,达到改善用户体验及健康福利的目的;不同信息系统可用性问题下的用户皮肤电导水平变化研究,则为开发基于电生理信号的信息系统可用性测试技术、智能化信息系统设计与开发提供理论和证据支持。

1.2 本书的内容结构

本书围绕信息系统可用性与用户情绪关系问题,开展信息系统可用性问题对用户情绪影响的研究,分析不同水平信息系统可用性问题对用户情绪主观维度、生理维度的影响规律和特点,为信息系统可用性设计及优化、用户体验及健康福利改善、智能化信息系统开发提供依据和支撑。从内容逻辑上看,第1、2章主要阐述本书研究背景及相关研究综述;以此为基础,第3章主要讨论基于可用性问题分类框架的信息系统可用性检查列表技术，解决研究目标中提出的“发现信息系统可用性问题”支持工具的问题；第4、5、6章则分别从主观体验、生理反应维度讨论信息系统可用性问题对用户情绪的影响，解决研究目标中提出的“弄清可用性问题对于用户情绪的影响规律和特点”的问题，其中，第4、5章是从主观体验维度讨论的，分别采用了主观情绪结构的维度取向和分类取向观点，第6章则是从生理反应维度讨论的；在前述章节的研究基础之上，第7章开展了管理实践应用研究，探讨本书研究主题及主要结论在管理学中的实践应用，分析其潜在的管理实践应用价值，进而提出对应的管理启示。

具体地，主要内容如下。

第1章，主要阐述本书的研究背景及选题意义，提出本书研究目的及具体研究问题，从理论和实践两个角度分析了研究选题的意义和价值，并给出了具体的研究内容。

第2章，相关理论与研究综述。以已报道文献为依据，综述信息系统可用性、可用性问题、情绪及情绪结构的概念内涵及定义、测量等，分析和讨论信息系统可用性对用户情绪影响的理论基础、研究现状及趋势。

第3章，基于可用性问题分类框架的信息系统可用性检查列表技术研究。结合本书的主要研究情境，即军事领域指挥信息系统可用性问题，以可用性问题分类框架为基础，设计和开发信息系统可用性检查列表，并以案例研究方式，对本书提出的可用性检查列表技术有效性进行分析和验证。本章节的研究成果将为信息系统可用性问题发现和评价提供有效的工具和手段，进而支撑后续的信息系统可用性问题与用户情绪间的关系研究。

第4章，信息系统可用性问题对用户主观连续情绪的影响。以用户情绪是连续的假设为基础，选取典型的信息系统对象，基于信息系统可用性实验，综合运用问卷调查、重复测量方差分析、用户访谈等研究方法和技术，分析不同类型、严重度水平的信息系统可用性问题对用户主观情绪的效价、唤起度及支配度的影响规律及特点，为信息系统用户行为建模和预测、可用性优化决策提供依据。

第 5 章，信息系统可用性问题对用户主观离散情绪的影响。以用户情绪是离散的、独立的假设为基础，选取典型的信息系统对象，基于信息系统可用性实验，综合运用问卷调查、情绪检测量表、多维尺度分析、用户访谈等研究方法和技术，分析不同类型、严重度水平的信息系统可用性问题对用户主观情绪类别及强度的影响规律及特点，为信息系统用户的情绪管理及干预提供支撑。

第 6 章，信息系统可用性问题对用户情绪生理反应的影响。在用户情绪的生理维度下，基于信息系统可用性测试研究情境，综合运用问卷调查、数字信号处理、方差分析技术，建立信息系统可用性研究情境下的用户皮肤电导水平信号处理与分析方法，提取人机交互过程用户皮肤电导水平特征，分析不同信息系统可用性问题对用户皮肤电导水平指标的影响。

第 7 章，管理实践应用研究。结合前述研究成果和结论，通过某军事办公自动化系统可用性优化对用户主观情绪的改善、基于个体情绪生理反应的人控转机控模块在模拟指挥信息系统中的应用等案例的分析，探讨研究主题及主要结论在管理学中的实践应用。

1.3 本章小结

“中国制造 2025”行动纲领中，智能化信息系统将成为新一代智能制造模式的核心依托；同时，在传感器技术、通信技术及网络技术等推动下，信息系统及应用普及到人类社会工作、生活的方方面面。传统的将信息系统定位为用户任务操作过程中工具的观点面临迫切的变革需求，用户情绪成为信息系统成功的关键要素，情感化、便携式个人信息系统设备的设计和开发方兴未艾；而从用户角度出发，信息系统在极大地便利化人类工作和生活的同时，也带来诸多问题，负性情绪对信息系统用户的认知、绩效及健康等诸多方面产生影响。在这样的背景下，信息系统用户体验及情绪研究成为信息系统人因工程领域重要的热点关注主题。

考虑到问题背景中人、环境因素是作为约束条件出现的，本书基于多维情绪模型，研究不同可用性问题水平下，信息系统用户主观情绪、情绪生理反应的变化规律和特点，为信息系统可用性设计优化、用户情绪管理及干预、智能化信息系统开发提供依据和支撑，具有重要的理论及实践意义和价值。

第 2 章 相关理论与研究综述

2.1 信息系统可用性研究的理论基础

2.1.1 信息系统可用性的定义及测量

1. 信息系统可用性的定义

信息系统可用性是与功能性(有用性)同等重要的特征,可用性工程是人因工程领域对信息系统人机交互过程进行分析与设计的重要组成部分(Wilson,2000)。可用性的研究源于当代复杂技术社会系统的出现和发展,技术进步在极大丰富和改善信息系统功能的同时,也显著提升了产品的复杂度,应用环境复杂、实时动态性强、新技术集成度高等特征直接导致人机交互"信息量更大、工作负荷更集中、任务更复杂"(李志忠,2011;Robertson et al,2015;Salmon et al,2017;Walker et al,2008),使得用户在面对此类信息系统产品时显得无所适从,降低了信息系统用户的使用意愿和技术接受度(Venkatesh,Davis,2000;Venkatesh,Davis,1996),甚至导致人因失误事件的发生。在这样的背景下,"用户为中心设计"的理念被引入信息系统产品开发过程,"易于使用"成为与"功能完备"同等重要的信息系统实现目标,可用性也逐渐成为人因工程领域被广泛接受和使用的概念(Nielsen,1994)。

在可用性概念被广泛应用的同时,研究和工程实践中并没有形成统一的可用性定义,重要的原因在于学术研究工作对于概念的讨论是学术产出导向的，而工程实践工作对于概念的讨论是产品产出导向的，二者之间存在着视角差异(Reeves,2017)。但同时，即便是在学术研究领域中，可用性概念的定义也存在着争议和分歧，例如，Tractinsky 指出可用性为伞型概念，只能对其从描述性轮廓进行考察和分析，这也是在不同时期研究中可用性概念内涵存在争议和迁移的原因(Tractinsky,2017)，因此为了研究的便利性和严谨性，可用性的概念应该分解并建立更加精确化的概念结构。Hornb 认同伞型可用性概念，但同时提出可用性概念的伞型特征对于研究是有益的，可用性概念维度的拓展和重构正是研究价值的体现(Hornb,2017)。但 Hertzum 在针对上述观点的评论中则认为，Tractinsky 提出的伞型可用性概念是从限定性概念角度出发的，而可用性概念的分析讨论则更应该从敏感性概念角度出发(Hertzum,2017)，即可用性是建立在具体使用情境中的，只有在明确了情境特征(如用户、环境、任务等的特征)基础之上，对于可用性概念的讨论才有价值。Bertelsen 与 Hertzum 观点存在内在的一致性，其指出可用性是面向设计实践的概念结构，可用性研究应根植于工程实践，工程实践情境的差异决定了可用性理论研究的多样性(Bertelsen,2017)。在文献分析和综述基础上，Hertzum 系统性地提出可用性研究的六个视角及对应定义，即普适可用性、情境可用性、感知可用性、享乐可用性、组织可用性及文化可用性，不同的可用性定义存在着明显差异，但作者也指出不同视角的可用性定义间存在共识，即可用性代表了系统适于/便于使用的程度，且导致了便捷及直觉化的使用体验(Hertzum,2010)。对上述提出的六个可用性视角分析可以发现，不同可用性定义的差异来源于研究对象使用情境的不同。例如，作者提出普适可用性是面向具有不同生理特点、知识背景、技能等用户时，系统具有的便于使用的特征，该定义体现了包容性设计的理念(Clarkson,2015)，而其隐含的假设则是系统的使用情境应是面向大众用户；相对地，享乐可用性定义在包含易于使用、任务完成度、使用舒适性等内容之外，更加强调使用愉悦度，该定义的隐含假设则是对象信息系统主要为消费娱乐性产品，如电子游戏等，用户使用的主要目的则是消遣和休闲（Halln，Redstr，2001）。因此可以看出，信息系统可用性是面向具体使用情境的概念，对于可用性的讨论不能脱离具体的用户、任务及使用环境等情境特征（Maguire，2001）。使用情境包括用户、任务及环境等三要素，其中，用户要素涉及用户的类型、知识及技能、生理特征、心理特征、工作特征等，任务要素涉及任务的目标、输入/输出、频率、持续时间、副效应等，环境要素则涉及组织环境（组织结构、文化、工作控制等），技术环境（软件、硬件、配套设备等）及物理环境（温湿度、听场、视场、空间布局、位置等）3个方面（Bevan，Macleod，1994；Thomas，Bevan，1996）。

本书研究问题中涉及信息系统的用户，典型地如管理业务办公人员、各级军事指挥人员等；任务为实现特定的个人业务目标，如办公人员的数据管理、指挥员对于战场态势的感知等；环境为个人业务办公环境，且信息系统使用情境其他要素（如关联任务的输入、团队成员的交互等）对于该用户信息系统操作的影响应是可控的，典型的如企业办公室工作环境、军事人员作战指挥环境等，相应的信息系统软/硬件平台设备为当前主流配置。同时，本书中的可用性更多关注的是信息系统在特定使用情境下的内在特征。基于此，本书对于信息系统可用性定义采用情境可用性的研究视角，即可用性为信息系统在特定使用环境（如办公环境、作战指挥环境等）下为用户用于实现个人业务目标时所具有的有效性、效率和用户主观满意度特征（Din，1998），其也是人因工程/人机交互领域研究中被广泛使用的定义（王建冬，2009）。

用户体验是信息系统人机交互研究中另一被广泛使用的概念，其在内涵和内容等方面被认为与可用性存在很多重叠和类似之处。用户体验被认为是信息系统人机交互过程中用户内在状态、系统设计特征及交互情景共同作用的结果，是主观性的和整体性的，在效用之外还包含了情绪层面（Wilson，Angela，2004；

Battarbee，Koskinen，2005；Hassenzahl，Tractinsky，2006）。因此，可用性与用户体验是差异化的不同概念，可用性是面向系统（产品）设计的，目标是设计更好用的产品；而用户体验是面向用户的，目标是产生更加愉悦的交互感受（Naumann et al，2009；Hertzum，Clemmensen，2012）。基于上述分析，本书作者认为可用性是用户体验的重要组成部分，其体现了对于信息系统效用层面的评价，并直接对用户体验的另一层面（即用户情绪）产生影响。

此外，信息系统人机交互研究中可用性与其他类似概念还存在着通用。如 Venkatesh 和 Davis 建立的技术接受模型中，可用性被认为与易用性是同义概念，且包括客观的和用户感知的可用性/易用性两个方面（Venkatesh，Davis，1996）；类似地，可用性也被认为与使用质量有着统一的定义和内涵（Bevan，1995；Bevan，2001）。其中，需要指出的是，易用性是从软件工程领域提出的，其与可用性是同义概念的论点存在着争论，如 Bevan 提出“易用但没有应用价值的”信息系统显然是不具备可用性的（Bevan，1995）。结合当前社会、经济、军事及医疗等行业信息系统发展现状，本书提出的研究对象信息系统应满足“必然具备应用价值”的假设，基于此，本书认为信息系统可用性与易用性、使用质量是同义概念。

2. 信息系统可用性的测量

信息系统可用性的测量是可用性问题定义的前提和基础，但其又面临着不可直接测量的挑战，因此，研究和实践中信息系统可用性的测量通过对有效性、效率和用户主观满意度等 3 个维度测量的间接方式实现（Hornb，2006）。总体上来讲，信息系统可用性测量可以分为客观测量和主观测量两种类型。

1）信息系统可用性客观测量

信息系统可用性的客观测量通过将有效性、效率和用户满意度逐级分解为可获取的客观指标实现，主要关注信息系统人机交互过程中系统、用户的实际绩效(Harvey et al,2011)。例如,李倩等针对个人网上银行的可用性研究中,选取了任务完成率、出错频数、求助频数、任务完成时间、任务完成率/任务完成时间等指标,其中,任务完成率、出错频数、求助频数是对可用性的有效性维度的测量,而任务完成时间、任务完成率/任务完成时间则测量了可用性的效率维度(李倩等,2008);Faliagka 等针对 iPhone 的可用性研究中,则从任务完成时间、任务成功率、失误发生频数等指标进行可用性的测量与分析(Faliagka et al,2015)。信息系统可用性客观测量的优势在于受主观因素干扰较少、测量结果间一致性高等,尤其是客观测量结果可直接应用于信息系统可用性优化,以实现改善信息系统人机交互绩效的目的;但同时,该类型的可用性测量也存在着数据采集成本高、对于用户情绪/情感体验的关注不足等问题。

2)信息系统可用性主观测量

信息系统可用性的主观测量也广泛应用于有效性、效率和用户满意度维度的评价,其主要包括基于专家知识的可用性主观测量以及基于用户知识的可用性主观测量两种类型(Harvey et al,2011)。标准化的信息系统可用性问卷是可用性主观测量的有效工具,且被认为是可用性工程实施必不可少的保障条件(Lewis,2014)。

普渡可用性调查问卷 PUTQ(Purdue Usability Testing Questionnaire)包含 8 个可用性维度的 100 个项目,可用性维度涉及通用性、一致性、灵活性、可学习性、动作经济性、记忆负荷轻量性、感知约束性以及用户帮助,且通过案例研究验证了其信度和效度(Lin et al,1997)。PUTQ 面向信息系统可用性评价研究,主要体现了对于信息系统可用性效率维度的度量。

系统可用性量表 SUS(System Usability Scale)是由 Brooke 于 1996 年提出,包括 10 个项目,具有跨平台适用、易于使用等优势,且因子分析结果表明,该问卷具有单一维度结构(Bangor et al,2008;Kortum,Sorber,2015),主要体现了对于信息系统感知可用性的主观评级。但同时，也有研究在验证 SUS 评级与系统任务耗费时间之间相关性的同时，提出该量表结构受到被试所具备的信息系统使用背景知识的影响，即提出对于具备较少的信息系统使用相关经验的用户，SUS 是单一维度结构的，而对于具有相对较丰富的相关经验的用户，SUS 包含了易于使用和可学习性两个维度（Borsci et al，2015；Lewis et al，2015）。通过对上述研究结论分析可以发现，尽管量表维度结构存在争议和讨论，SUS 是对信息系统用户感知可用性的主观评价则被广泛接受，形成统一共识，同时已有研究也证明了 SUS 量表具有良好的信度、效度及灵敏度。

其他被广泛使用的信息系统可用性主观测量标准化量表还包括 IBM 计算机系统可用性问卷 CSUQ（Computer System Usability Questionnaire）（Lewis，1995）、软件可用性测试列表 SUMI（Software Usability Measurement Inventory）（Kirakowski，Corbett，1993）、手机可用性问卷 MPUQ（Mobile Phone Usability Questionnaire）（Ryu，Smith-Jackson，2006）等。

同时，面向特定的研究目的和研究对象，个性化的信息系统可用性主观测量问卷也被提出和应用，如 Lee 和 Kozar 针对网站信息系统可用性的研究中，提出网页信息系统可用性的维度包括一致性、可导航性、用户支持性、易学性、建议性、可交互性、易读性，并验证了可用性对于用户在线购物倾向的影响（Lee，Kozar，2012）。

需要指出的是，研究和实践中，信息系统可用性的客观测量和主观测量是互为补充的关系。例如，以信息系统任务持续时间为例，研究发现对于同一时间跨度，不同被试的主观测量是存在差异的，且受到任务复杂度及被试认知负荷的影响（Tractinsky，Meyer，2001；王颖，张侃，2009）。基于此，为了获得更加全面、准确的分析结果和结论，研究中信息系统可用性的客观测量和主观测量经常结合使用。

2.1.2 可用性问题的概念、类别及严重度

1. 可用性问题的概念

基于前述的信息系统可用性的定义以及可用性测量的维度结构,可用性问题被定义为信息系统具有的导致其可用性水平降低的特征(Khajouei et al,2011),其中可用性水平的降低是潜在可用性问题直接或间接导致的可能结果,涉及信息系统难以完成预期执行的操作任务、发生人因失误、任务持续时间过长、用户工作负荷过高等。例如,医疗领域信息系统中,研究发现手持处方系统存在的可用性问题与输入错误的发生高度相关(Kushniruk et al,2005),临床信息与通信 ICT(Information and Communication Technology)系统中的可用性问题则会显著降低系统效率和医生工作绩效(Viitanen et al,2011);又如,Akers 等的研究指出信息系统可用性问题将会导致撤销、清除等冗余操作,进而增加交互的时间成本、降低操作绩效(Akers et al,2012);Wu 等针对 LED 生产线人机界面的研究发现,高复杂度的操作界面会显著增加用户精神负荷、降低满意度,并导致负性情绪的发生(Wu et al,2016);严重地,在 2016 年 7 月 1 日的台湾"雄风三型"导弹误射事件中,导弹火控系统操作界面设计缺陷被认为是重要的可能致因。因此,可用性问题被认为是影响信息系统用户接受度、系统人因安全水平的重要因素(Alonso-Ríos et al,2014),发现、消除信息系统潜在的可用性问题是"用户为中心设计"的目标。

从"人—机—环境"系统中要素关系的视角出发,信息系统可用性问题发生的根源在于要素间的不匹配,如,信息系统设计与人的生理、认知能力的不匹配,信息系统设计与使用环境、技术环境和组织环境的不匹配,信息系统设计与目标任务的不匹配等。正是上述原因,在信息系统具备相应功能的条件下,却使

得用户在操作使用过程中存在不同程度的困难(Kahn,Prail,1994;Lavery et al,1997)。

2. 可用性问题的类别及严重度

类别及严重度是信息系统可用性问题的重要特征,其中,类型关系到信息系统可用性问题发生的原因及意外事件后果,严重度则体现了信息系统可用性问题所致消极影响的程度。因此,这两个特征是信息系统问题定位和致因分析、可用性优化决策(如可用性问题消除优先级排序、可用性优化资源分配等)的重要参考指标。

已有的可用性问题分类方案主要包括基于软件工程的分类框架和基于人机交互的分类框架(Ham,2014)。其中,软件工程视角的可用性问题分类从开发者角度描述可用性问题的属性,为系统优化提供直接支持,如正交分类方案 ODC(Orthogonal Classification Scheme)(Chillarege et al,1992)、根原因分析 RCA(Root Cause Analysis)(Leszak et al,2002)及可用性问题分类方案 CUP(Classification of Usability Problem Scheme)(Vilbergsdottir et al,2014)等;人机交互视角的可用性问题分类,则更有助于从用户认知的角度理解可用性问题发生的原因及类型,如可用性问题分类 UPT(Usability Problem Taxonomy)(Keenan et al,1999)、用户行动框架 UAF(User Action Framework)(Andre et al,2001)以及基于循环交互的可用性问题分类 UPCCI(Usability Problems Classification using Cycle Interaction)(Ryu,Monk,2004)等。

其中,可用性问题分类 UPT 框架(如图 2-1 所示)的优势体现在:该框架是建立在可用性工程的理论基础上的;其从用户视角对信息系统的使用情境进行确认和分析,并在此基础上进行可用性问题分类;该框架支持可用性问题原因分析和评估。UPT 框架将可用性问题分为设计维度和任务维度两个顶层大类,同时这两个类别下均包含着不同的子类别。在该框架下,任一可用性

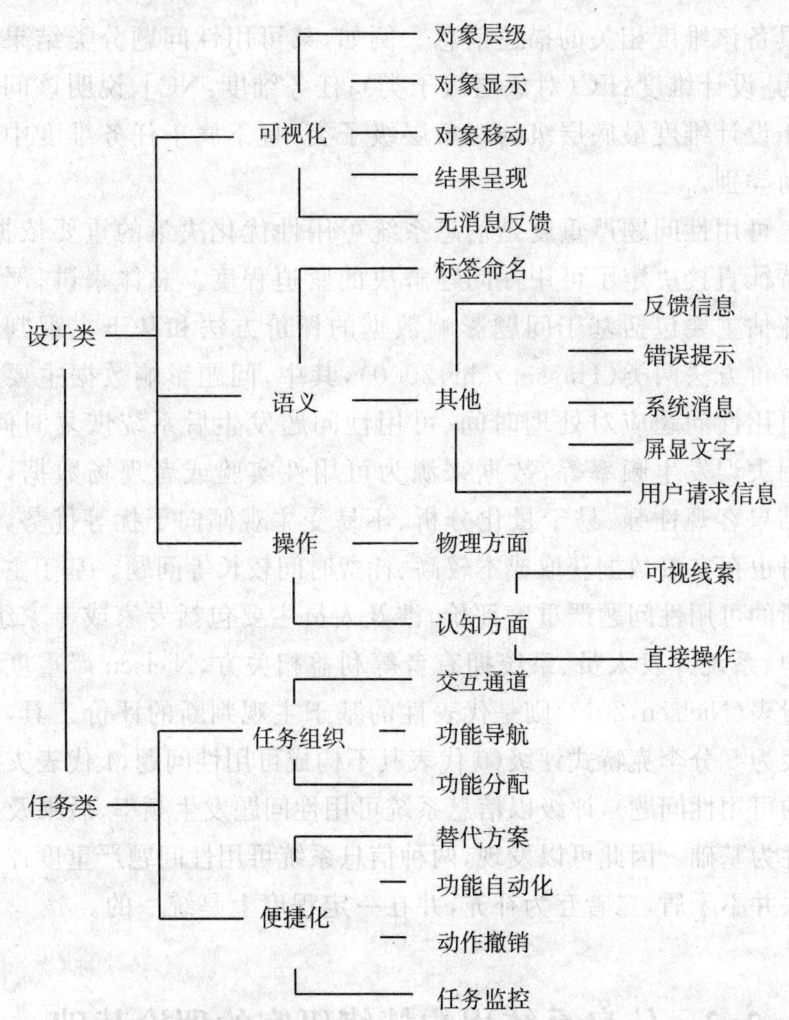

图 2-1　可用性问题分类 UPT 框架(Keenan et al,1998)

问题的分类结果包含两个要素,即设计维度与任务维度的分类结果,分类结果的可能取值为完全类 FC(Full Classification)、部分类 PC(Partial Classification)及完全非类 NC(Null Classification)。FC 表明特定问题明确地属于该维度中最底层子类别可用性问题类型;PC 表明特定问题属于该维度中的顶层或中间层类别,在 UPT 框架的完备性得到研究与实践验证的条件下,取 PC 值的可能原因包括可用性问题描述信息的模糊、不完全或者不明确等;NC 则说明特定问题明确地不属于该维度中的任何类型或者完全不具备该维度相关的描述信息。例如,某可用性问题分类结果取值为[设计维度:FC(对象层级子类);任务维度:NC],说明该问题属于设计维度最底层级的对象层级子类,且不属于任务维度中的任何类别。

可用性问题严重度是信息系统可用性优化决策的重要依据,其特征直接决定了可用性问题解决的紧迫程度。总体来讲,严重度评估主要包括基于问题影响数据的评价方法和基于主观判断的评价方法两类(Hassenzahl,2000),其中,问题影响数据主要涉及可用性问题应对处理时间、可用性问题发生后系统恢复时间、人因失误发生频率等,数据来源为可用性实验或者现场数据,具有结果客观性强、易于量化分析、不易受主观倾向干扰等优势,但同时也存在着数据获取成本较高、耗费时间较长等问题。基于主观判断的可用性问题严重度评价,涉及人员主要包括专家或专家组、用户、系统开发人员、系统拥有者等利益相关方,Nielsen 严重度评估量表(Nielsen,2017)则是代表性的基于主观判断的评价工具,该量表为 5 分李克特式评级(0 代表其不构成可用性问题,4 代表灾难性的可用性问题),评级以信息系统可用性问题发生频率、后果及持续性为基础。因此可以发现,两种信息系统可用性问题严重度评价方法并不矛盾,二者互为补充,并在一定程度上是统一的。

2.2 信息系统用户情绪研究的理论基础

2.2.1 情绪概念及发生原因

1. 情绪的基本概念

用户情绪是信息系统人机交互领域研究的重要概念,是指用户对涉及个体需求、目标及关注等的交互事件的反应,包含生理、情感、行为及认知等成分(Kleinginna,Kleinginna,1981),其被看作是两个层次上的多维概念，即情绪生理反应和情绪主观体验（评价）（Pfister et al，2011）。其中，情绪生理反应涉及个体的皮肤电导SC（Skin Conductance）、心电 ECG（Electrocardiogram）、肌电 EMG（Electromyography）、呼吸 RSP（Respiration）、脑电 EEG（Electroencephalogram）等（Christie，Friedman，2004；Ringeval et al，2015），体现了情绪中的客观性成分；情绪主观体验则是人机交互过程中个体神经生物学活动的一个维度，体现了情绪中精神活动的成分（Isomursu et al，2007）。

同时，在已报道文献中，情感常被看作是与情绪等价互用的概念（Brave，Nass，2008；Scherer，2005），但二者之间存在着细微的差别，情绪具有情景性、暂时性和明显的外部表现，而情感则相对稳定、独立和持久（Russell，2003）。因此，本书作者认为信息系统人机交互过程中，用户情绪的概念与“情感反应”“情感状态变化”更为接近。

心境是另一个与情绪相近的概念，但二者之间的差别也很明显。心境是个体长周期内、低强度的主观体验，且具有非特异性、非指向性（Moffat，1997），即特定情绪是与特定的人机交互事件相关联的，而心境则不具备这种特性。同时，从功能上来讲，情绪调节个体的行为，即，使得个体对某一事件产生即时的、适当的反应；而心境则主要调节个体的认知策略，影响较长周期内个体的认知处理过程，因此，其也被看作是背景情感滤波器（Brave，Nass，2008；Davidson，1994）。

感情也是与情绪易于混淆的概念，二者的区别在于：情绪是指个体的状态，而感情则是分配给特定客体的属性，例如，喜欢、讨厌等感情表达必然是连接特定对象的；同时，从持续时间角度分析，相较于个体的情绪，人们对于特定对象的感情一旦明确，其可能持续的时间会相对久远，甚至是无限期的（Frijda，1994）。正是基于感情的上述特点，其被应用于产品对象及使用情境的设计，通过对具备特定感情属性的对象及情境特征的分析，建立系列化的指导准则。

2. 情绪的演化及发生原因

关于情绪是生物学意义上的本能反应还是经后天社会习得一直存在着争议。一种观点认为人类情绪是生物进化选择的结果(Darwin,1998;Izard,2009),情绪有助于动物提高环境适应、风险规避的能力,进而在进化过程中得以保留和遗传;另一种观点认为除惊惧的、厌恶的情绪外,情绪是个体在社会中通过学习获得的(Shweder,1994),并据此推断情绪应具备文化差异性。同时,以上述争议为基础,另有观点认为个体存在着先天的基本情绪,如愤怒的、生气的等,同时也存在着后天经由社会学习获得的、由基本情绪复合而成的其他情绪,如烦闷的、悲哀的等(Ekman,1992)。上述对于情绪演化的讨论和分析,直接影响了对于情绪组成的认知,即情绪结构理论;同时,一定程度上,也正是关于情绪演化的认知存在争议,情绪结构理论在当前也未形成统一。

从生理心理学角度出发,情绪产生的原因主要存在 3 种理论(隋南,2010):詹姆斯-兰格情绪理论认为情绪产生的原因是个体对生理反应的感觉,其中的生理反应则由环境刺激所诱发(Lange,James,1922);坎农-巴德情绪理论则认为情绪反应由刺激所诱发,但这种反应首先发生在中枢神经系统,并在脑的调控下产生外周生理变化(Cannon,1927);而沙赫特-辛格情绪理论则认为情绪产生的原因除涉及外周生理反应或中枢生理调节外,大脑的认知整合评价亦在其中扮演着重要角色(Schachter,Singer,1962)。综上所述可以发现,情绪产生的生理心理学基础涉及外周特异性生理反应、中枢调控机制以及认知,具有高度复杂性,给用户情绪的测量及发生原因分析带来诸多挑战,并约束了用户体验、情感计算等研究范式和方法论体系。

从"人—机—环境"系统角度出发,情绪产生的原因涉及需求与目标、评价、感染、心境及感情、初始情绪状态等(Brave,Nass,2008)。事实上,该角度下的情绪产生原因与情绪的社会概念模型相一致,即认为情绪是个体角色和社会背景共同作用的结果,需求与目标、评价、感染等致因被归入社会影响因素,扮演基本情绪触发器的角色(Gross,Feldman,2011)。其中,尤以评价在情绪产生中的作用最为重要,例如,研究表明,评价构成了个体在特定情境条件下情绪反应的充要条件(Siemer,Mauss,2007)。

具体到信息系统人机交互要素及事件来看,用户、信息系统、环境及任务特征均会对用户情绪造成影响。从人的角度出发,研究表明,较长时段人机交互过程中,个体自我效能会影响用户的情绪状态(Bessiere,et al,2006);从信息系统角度出发,系统信息输出的形式和类型会显著影响用户的情绪反应(Pfister et al,2011),较长的信息系统反应时间则会导致负性情绪的发生(Szameitat et al,2009)等。从任务角度出发,系统错误、网络连接丢失等计算机相关任务事件是导致用户挫败感的重要诱因(Ceaparu et al,2004;Lazar et al,2006),而“火星-500”实验研究发现工作内容会影响被试的情绪状态(Dianat et al,2016);从环境角度出发,研究发现照明条件直接影响员工满意度(Dianat et al,2013),同时不舒适的办公设备设计则会导致员工满意度降低甚至辞职的发生(Bodin Danielsson et al,2014)。

2.2.2　情绪结构及测量

1. 情绪结构

情绪结构是用户情绪测量和分析的前提,但是关于情绪结构的讨论却存在着争议,主要存在分类取向和维度取向两种理论解释(乐国安,董颖红,2013)。其中,分类取向视角下,情绪被认为是离散的,由基本情绪及在此基础上形成的复合情绪构成,是独立的、离散的。如,Ekman 认为基本情绪由快乐、悲伤、愤怒、恐惧、厌恶及惊讶构成(Ekman,1992);Izard 认为情绪分为基本情绪和情绪图式,基本情绪则由兴趣、快乐、悲伤、愤怒、厌恶和恐惧组成，情绪图式则包括生理机制、情绪体验、认知评价及行为表现等多种成分(Izard，2009；Izard，2007)。维度取向视角下，情绪被认为是连续的，不同情绪间是难以明确界限的，但是能够基于相对稳定、独立的维度结构进行测量和分析，例如，以愉悦度和唤醒度为两个基本维度的环形结构模型(Posner et al，2005)、以积极情感和消极情感为基本维度的积极-消极情感模型等(Watson et al，1988)。在信息系统人机交互领域研究中，两种情绪结构理论均有广泛应用且各具优势：分类取向的情绪结构更贴合实践，这主要是由于用户(被试)更加倾向于使用具体、独立的情绪描述交互体验，而非维度取向视角下的点或者矢量，因此为信息系统人机交互过程用户情绪临床管理、基于用户情绪的系统设计优化研究提供了直接依据；维度取向的情绪结构则便于分析用户(被试)情绪、认知及行为间的关系及作用机制，为开展人机交互过程用户情绪与认知、行为、生理活动等变量间的关系模型和预测研究提供了便利，尤其是利于定量模型的构建和分析。同时，需要指出的是，两种情绪结构理论并不是严格对立的，存在着理论整合和统一的可能，例如，维度往往是情绪分类的基础，分类取向视角下的不同情绪内容在维度上存在着差异。

2. 情绪的测量

情绪的测量主要分为基于生理信号的客观测量和基于自评报告的主观测量等两种类别(Boehner et al，2007)。

基于生理信号的情绪客观测量的理论依据是其产生的生理心理学机制，主要生理指标包括反映中枢神经系统 CNS(Central Nervous System)活动的脑电波 EEG、事件相关点位 ERP(Event-related Potentials)以及反映外周神经系统 PNS(Peripheral Nervous System)活动的皮肤电 SC、呼吸 RSP 等，具有实时性高、客观性强的优势。例如，研究发现悲伤、愤怒、恐惧等情绪伴随着心率显著升高，相对地，沮丧情绪则伴随着心率降低(Levenson et al，1990)；Kim 和 Andre 应用被试的皮肤电 SC、呼吸 RSP、肌电

EMG、心电 ECG 对音乐欣赏中的情绪进行识别，正确率则高达 95％(Kim, Andr, 2008)。但同时，该类测量方法也面临着争议，例如，研究发现不同情境下的个体害怕的情绪对应着不同的自主神经系统 ANS(Autonomic Nervous System)活动(Stemmler, 1989)。总体来讲，基于生理信号的情绪客观测量研究与应用过程中，该方法在具备实时性、客观性优势的同时，也面临着生理活动指标非特异性的挑战。

基于自评报告的情绪主观测量的依据是用户情绪本身即包含着主观体验的成分，能够有效地体现情绪的社会性、文化性、相关性等特点，且具有操作灵活、成本低等优势。同时，基于自评报告的情绪主观测量结果也是开发基于生理信号的情绪测量技术的验证性依据，即基于生理信号的情绪测量技术有效性通常以信号特征与情绪主观评级间的相关性表征的。常用的情绪主观测量包括自我评价小人模型 SAM(Self Assessment Manikin)(Bradley, Lang, 1994)、分化情绪量表 DES(Differential Emotions Scale)(Izard et al, 1974)、基本情绪量表 BES(Basic Emotion Scale)(Power, Tarsia, 2007)、积极-消极情感量表 PANAS(Positive and Negative Affect Schedule)(Watson et al, 1988)、激活-去激活形容词检测量表 AD-ACL(Activation-Deactivation Adjective Check List)(Thayer, 1978)等。该类测量方法在得到广泛应用的同时，也存在着固有的缺陷，集中表现在：事后调查的方法，容易出现情绪体验强度减弱，甚至消失的问题；可能存在被试故意或者无意识地掩饰真实情绪体验的问题(Picard, Daily, 2005)。上述存在的问题，一定程度上会导致基于自评报告的情绪主观测量结果的准确性和客观性降低，影响研究结论的效度和信度。

基于上述分析可以发现，基于生理信号的情绪客观测量和基于自评报告的情绪主观测量技术各有优势和缺陷。正因如此，在人因工程领域的研究和工程实践中，两种测量方法往往综合运用、互为补充。

2.3 信息系统可用性对用户情绪影响的理论基础

2.3.1 用户和社会视角下用户情绪诱发原因

如前所述,信息系统是“人—机—环境”系统中的重要组成要素,对人机交互过程用户情绪具有重要影响。例如,信息系统的外形特征(如实体设计风格、按钮布局等)会激发用户特定的情绪反应(Huang et al,2014;Hsiao,Chen,2006;Seva et al,2011),形象生动、色彩丰富的信息系统可视化界面会使用户表现出较高水平的情绪唤起度(Giacomin,Bertola,2012);人机交互界面的视觉美学特征会强烈影响用户的满意度和愉悦度(Lavie,Tractinsky,2004;Moshagen,Thielsch,2010);信息输入/输出设计是影响用户情绪的重要要素,研究显示较之于文本消息,语音消息会激发用户更加正性情绪(Pfister et al,2011)。其中,信息系统的可用性特征是影响用户情绪的重要因素,依据情感事件理论,当用户感知到可用性问题增加了时间、认知资源投入且降低操作绩效时,其负性情绪就会被诱发(Weiss,Cropanzano,1996)。例如,研究表明,高可用性信息系统会给用户带来更加正性、低唤起度的主观体验(Thüring,Mahlke,2007),低可用性水平的人机界面会使用户有挫败感(Tuch et al,2012),Seo 等则证实了感知可用性对于用户情绪的影响,并发现这种影响受到感知交互类型的调节(Seo et al,2016)。

该问题的理论基础可从如下两个方面进行分析:(1)从用户视角出发,信息系统可用性,可被看作是人机交互系统中与人、环境、任务特征无差异化的情绪刺激材料特征,会诱发特定的用户情绪(Helander,Tham,2002)。其中,用户认知、动机、初始情绪状态在情绪诱发过程中扮演着重要角色,会影响到情绪诱发的结果,例如,Baker 等针对计算机辅助学习系统的用户情绪研究中,分析了不同类型信息系统设计方案对于用户认知-情绪状态的影响，即是对上述关系的又一验证证据（Baker et al,2010）。（2）从社会视角出发，人机交互与人际交互存在着相似性，人机交互过程中，尤其是群合作支持背景下，信息系统常被看作是人的代理，甚至虚拟人的角色（Reeves，Nass，1996；Pfister，Oehl，2009）。特别地，在具有情绪感知能力的智能信息系统快速发展的背景下，可穿戴信息系统越来越作为伴随者的角色出现（Wilks，2010）。人际交流过程中，交流对象的语言、体态等会影响人的情绪，类似地可以推断，信息系统的可用性特征也会诱发用户的特定情绪。人机交互与人际交互间个体情绪比较研究结果表明，两种交互情景下的个体情绪类型间存在高相关性（Walter et al，2014），证明了该理论解释视角的合理性和有效性。

2.3.2　基于文献计量的研究主题与趋势分析

为了发现和分析信息系统可用性对用户情绪影响研究的现状及趋势，本书在对相关概念定义及内涵界定基础上，综合运用文献计量学、社会网络分析手段和工具，开展信息系统可用性与用户情绪关系研究综述，以期发现该主题研究的总体概况、主题及热点问题，为相关研究提供依据和参考。

1. 数据来源与分析方法

数据来源为 Thomson Reuters 公司的 Web of Science™ 核心合集数据库（1900 年至今）。基于前述对于信息系统可用性、用户情绪概念的分析和讨论，设置的检索策略为：

主题：（“usability” OR “ease of use” OR “quality of use”）；主题：（“emotion” OR “affective responses” OR “affective states”）；文献类型：期刊或会议论文（Article OR Proceedings Paper）；语种：英语（English）；时间跨度：所有年份；索引：（SCI-Expanded，SSCI，A&HCI，CPCI-S，CPCI-SSH，ESCI，CCR-Expanded，IC）。

检索时间为 2016 年 8 月 23 日,共检索到文献 210 篇,经作者对所有文献逐一验证,得到的文献符合检索条件且与研究主题相对应。

2. 分析方法

对于检索得到的文献数据分析,主要采用了描述性统计、共词分析及社会网络分析技术。

作为一种有效的文献计量分析技术,共词分析被广泛应用于针对特定研究领域/主题的研究范式分析及发展趋势跟踪(张勤,马费成,2007;Hu,Zhang,2015)。其基本假设是共现的关键词集合能够表征文献的研究主题,同时不同文献中相同关键词出现的频次越高,则研究文献在主题概念、理论及方法方面的相关性或相似性就越高(Ronda-Pupo,Guerras-Martin,2012)。进行文献共词分析的具体步骤是:对检索得到的文献提取关键词,依据共现关系对高频关键词构建共现矩阵;基于公式(2-1)对共词矩阵进行包容化处理(Leydesdorff,2008)。

$$I_{ij} = \frac{C_{ij}}{\sqrt{C_i \times C_j}} \tag{2-1}$$

式中:C_{ij} 为关键词 i 和关键词 j 的共现次数,C_i 为关键词 i 出现的总次数,C_j 为关键词 j 出现的总次数,包容指数 I_{ij} 表征了关键词 i 和关键词 j 之间的相关度,值越大代表两个关键词相关度越高,而包容指数矩阵对角线上的数据取值为 1;对包容指数矩阵进行基于最优变换的多维尺度分析,得到二维空间中各个关键词的坐标;应用层次聚类分析技术,基于坐标对关键词进行聚类分析,采用的聚类方法为 Ward 方法并应用 Z 分数法进行标准化处理。

对关键词共现矩阵进行社会网络分析,能够有助于分析和发现研究主题的知识图谱结构,其可视化分析结果则便于理解知识网络的内在关系(Wang et al,2015)。应用社会网络分析,将主要计算关键词的中心度指标,并在此基础上进行"中心—边缘"分析,发现检索文献中对于不同研究主题关注程度的差异。

文献关键词提取及共现矩阵分析采用 Bibexcel 软件完成;多

维尺度分析、层次聚类分析采用 SPSS 16.0 软件完成;社会网络分析采用 Ucinet 6.216 软件完成。

3. 结果

检索得到的文献的 h 指数(h-index,指文献样本中有 h 篇每篇至少被引 h 次)为 22,表明在信息系统可用性与用户情绪关系研究中,已报道文献中高质量论文多,也间接说明针对该主题的研究具有较大的学术影响力。

(1)信息系统可用性与用户情绪关系研究总体特点。

根据 1995—2016 年检索文献的年份分布可以发现从 2006 年起至今,信息系统可用性与用户情绪关系的研究论文数量呈现出整体上升的趋势,尤其是 2014—2016 年,该主题正越来越受到理论界的关注和重视。

已报道文献所处的国家和地区分布如图 2-2 所示,可以发现除具有较明显研究优势和专长的传统人因工程领域研究强国,如美国、德国外,包括中国、日本、韩国等东亚国家及荷兰、瑞士、英国等西欧国家在该领域的研究文献也占很大比例。而上述国家和地区也正是信息技术发展,尤其是可穿戴技术及设备的开发和应用较为活跃区域,二者之间的同步性也表明了工程实践领域便携式信息系统设备的发展对于该主题研究的激发和推动作用,用户情绪研究在当今信息系统设备的研究与开发中正扮演着愈加重要的地位和作用。

检索文献所属的 Web of Science 类别[①]及研究方向[②]分布如图 2-3 所示,可以发现信息系统可用性与用户情绪关系研究涉及计算机科学与技术、人因工程、心理学、管理学等不同学科领域,具有典型的跨学科、跨领域研究特点,同时也说明在不同领域中都存在着针对该主题的研究需求。

① 图示为检索文献所属的前 10 个 Web of Science 类别;存在同一文献所属不同类别现象。

② 图示为检索文献所属的前 5 个研究方向;存在同一文献所属不同研究方向现象。

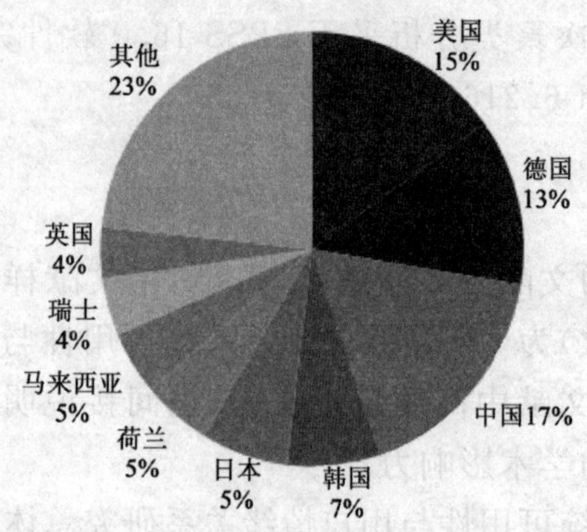

图 2-2　检索文献的国家及地区分布

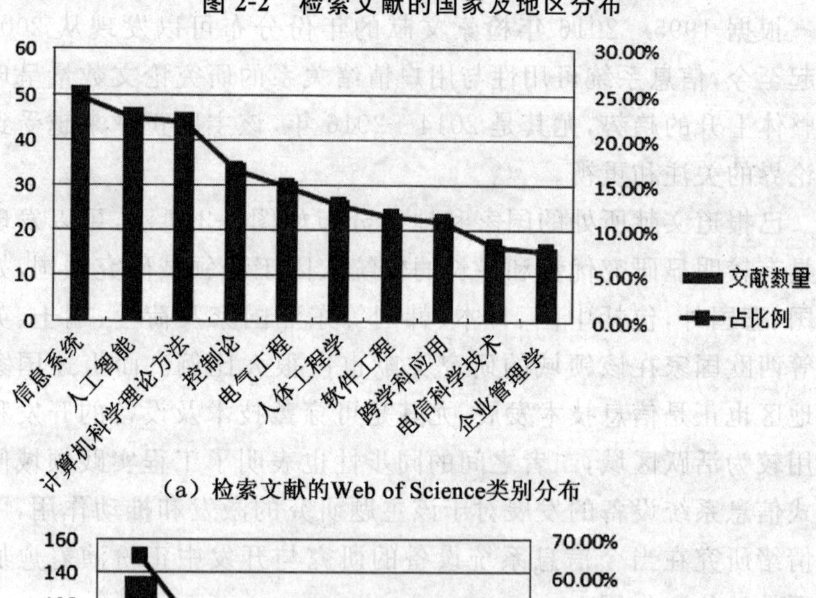

（a）检索文献的Web of Science类别分布

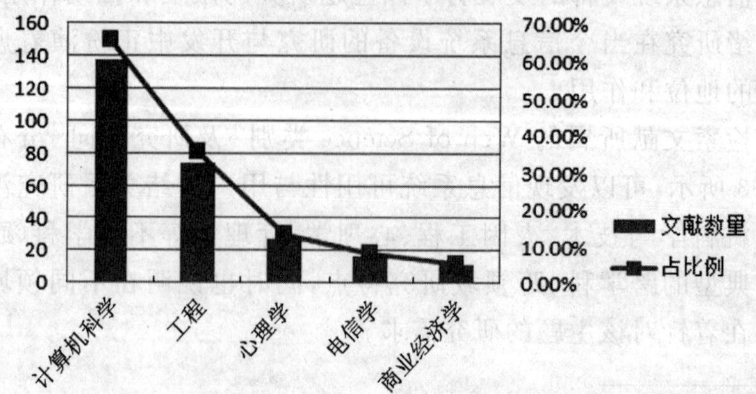

（b）检索文献的研究方向分布

图 2-3　检索文献的 Web of Science 类别及研究方向分布

(2)信息系统可用性与用户情绪关系研究主题。

共得到信息系统可用性与用户情绪关系研究高频关键词 33 个,对关键词共现矩阵进行包容化处理得到包容指数矩阵,对包容指数矩阵进行基于最优变换的多维尺度分析,结果的拟合度标准化 Stress 指数为 0.01268、D. A. F. 指数为 0.98732,模型拟合效果较好。

基于坐标对关键词进行聚类分析,结果如图 2-4 所示,将该主题的关键词分为 3 类。结合多维尺度分析,对层次聚类分析结果进行可视化呈现,得到信息系统可用性与用户情绪关系研究主题如图 2-5 所示。

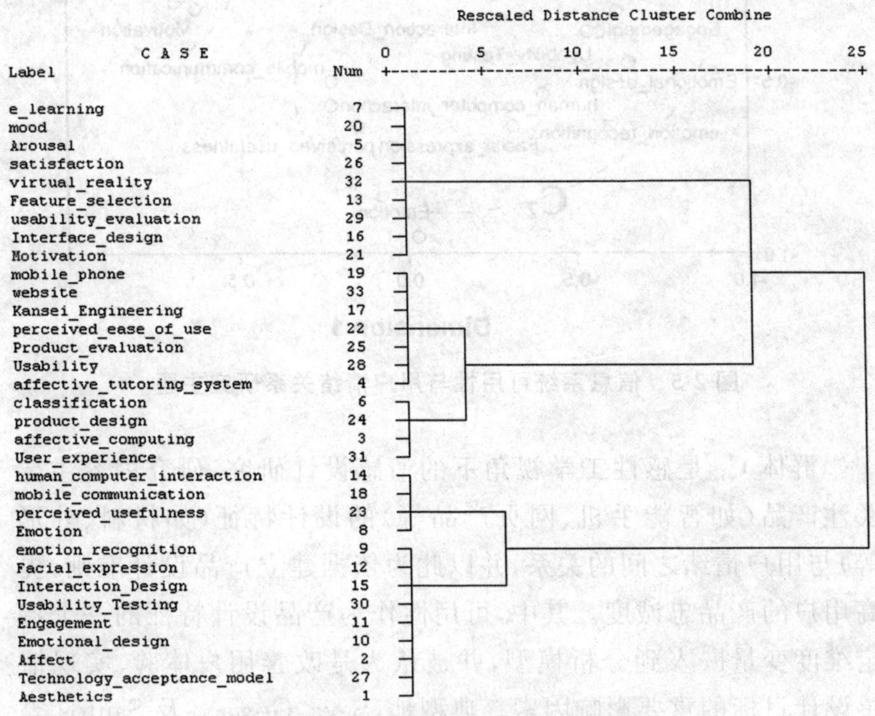

图 2-4　关键词层次聚类分析图谱

图 2-5 中信息系统可用性与用户情绪关系研究主题可分为 C_1、C_2、C_3 等 3 个共现群体。为了对不同共现群体的研究主题特征进行分析和归纳,依据关键词与检索文献之间的对应关系,对原始文献进行回顾性阅读和综述。

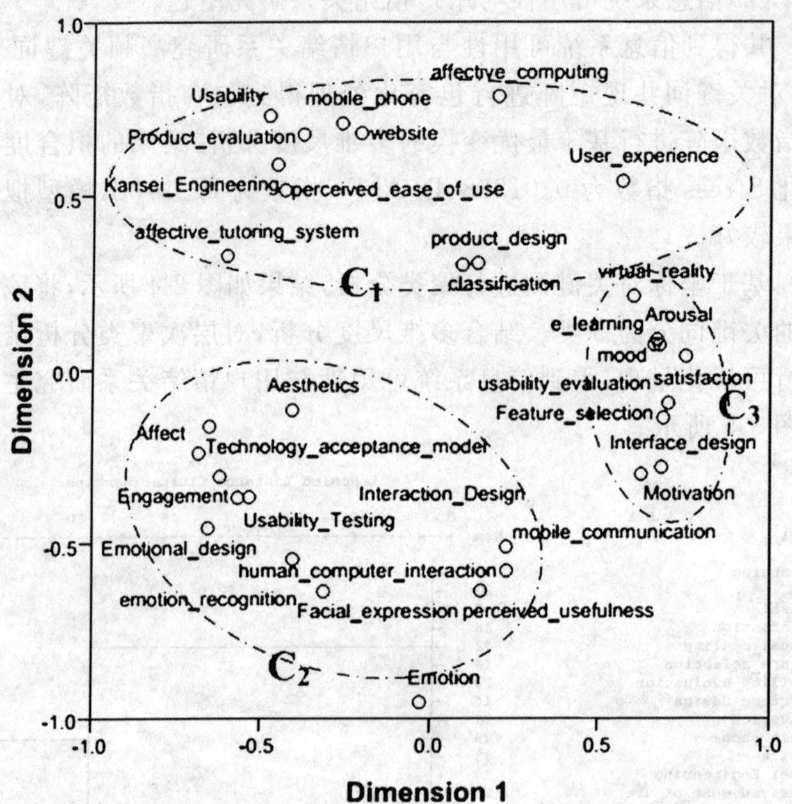

图 2-5　信息系统可用性与用户情绪关系研究主题

群体 C_1 是感性工学视角下的情感设计研究，研究内容主要关注产品（如智能手机、网页产品等）的设计特征（如材料、外形等）与用户情绪之间的关系，并以此为依据建立产品设计准则，提高用户的产品忠诚度。其中，可用性作为产品设计特征的一个特定维度变量嵌入到分析模型，并被认为是改善用户体验、实现情感设计目标的重要影响因素。典型地，Seva、Gosiaco 及 Santos 等在可用性感知与情绪改善模型中，提出面向用户情绪体验改善进行产品迭代设计，通过优化系统可用性质量实现用户情感质量的提升（Seva et al，2011）。

群体 C_2 是“人—机—环境”系统框架下的交互设计研究，研究内容主要关注信息系统可用性、用户及环境要素特征与交互绩效、用户情绪、参与度等之间的关系。同时，结合文献可以发现，该类主题的研究中，情绪常被作为信息系统可用性与绩效、用户体验/参与度间关系模型的调节变量，研究目标则聚焦于改善信息系统人机交互的效率和效果，提高产品的技术接受度。

总体来讲，上述两个共现群体的研究中，信息系统可用性与用户情绪关系研究被作为情感设计、交互设计研究框架的重要组成部分。具体地，从概念内涵的从属关系来看，可用性是信息系统特征的重要维度，而用户情绪则是影响产品忠诚度、交互绩效及用户体验的重要因素。

群体 C_3 是信息系统人机界面可用性特征与用户情绪间的关系研究，研究内容主要关注人机界面要素（如视觉特征、界面布局等）与用户情感反应之间的关系，其研究目标是建立系统人机界面可用性设计准则。例如，Hsu 和 Chuang 针对个人博客人机界面的研究中，以 18 个典型博客为研究对象，分析了界面视觉特征与用户情绪特征之间的关系，进而提出了面向开发者的博客人机界面设计准则（Hsu，Chuang，2013）。

同时，相较于共现群体 C_1、C_2，群体 C_3 中涉及的研究粒度更细，研究的问题也更加具体。在群体 C_1、C_2 中，信息系统可用性与用户情绪研究被嵌入到更高等级的研究框架之中，而群体 C_3 中则关注到了具体的人机界面要素，研究问题涉及可用性、情绪概念中更为细粒度的测量维度。

（3）信息系统可用性与用户情绪关系研究热点。

对信息系统可用性与用户情绪关系研究的关键词共现矩阵进行节点度数中心度（中心度体现了特定关键词受关注程度，中心度越高说明其受关注程度越高）分析以及“中心-边缘”分析（目的是发现处于中心结构的关键词）。结果显示，除 usability、emotion 外，具有较高的标准化度数中心度的前 10 个关键词为：情感计算/affective computing、用户体验/user experience、系统美学/aesthetics、用户情感/affect、满意度/satisfaction、人机界面设计/interface design、动机/motivation、产品评估/product evaluation、情感教学系统/affective tutoring system、交互设计/interaction design。"中心-边缘"分析结果显示，处于中心结构的关键词包括：系统美学/aesthetics、用户情感/affect、可用性/usability、情绪/emotion。综合上述分析结果，信息系统可用性与用户情绪关系研究中具备较高关注度的关键词为情感计算、用户体验、系统美学、用户情感、满意度、人机界面设计、动机、产品（信息系统）评估、情感教学系统以及交互设计等。其中，情感计算为该主题研究所属学科领域，用户体验为可用性的上义词，用户情感为情绪的同义词；人机界面设计、产品（信息系统）评估以及交互设计则体现了该主题研究的主要视角；信息系统视觉特征、用户的满意度及动机则是该主题研究中涉及的重要相关概念，该结论为未来该主题研究模型的构建和分析提供了线索。

以共现矩阵和节点中心度分析结果为基础，构建的关键词共现网络如图 2-6 所示。图中网络节点代表信息系统可用性与用户情绪关系研究中涉及到的关键词，节点越大则该关键词度数中心度越高；节点连线代表了关键词间的共现关系，线条越粗则关键词共现的频度越高。

同时，检索文献的关键词共现网络的整体网密度相对较低(0.1477)(Hu, Zhang, 2015; Hu et al, 2013)，说明信息系统可用性与用户情绪关系研究当前还处于较为活跃的初期阶段，具体的研究问题还相对比较分散，没有形成较为成熟和稳定的研究方向和主题。

4. 结论与启示

依托 Thomson Reuters 公司的 Web of Science™ 核心合集数据库，综合运用文献计量学、社会网络分析技术，对信息系统可用性与用户情绪关系研究进行综述，主要的研究结论包括：

(1)信息系统可用性与用户情绪关系的研究正受到越来越多的关注和重视，尤其是 2006 年以来，该主题的研究逐渐成为信息系统人机交互领域的研究热点问题，在地域分布上呈现出与可穿戴技术及设备研发同步的特点，且属于典型的跨学科、跨领域研究。

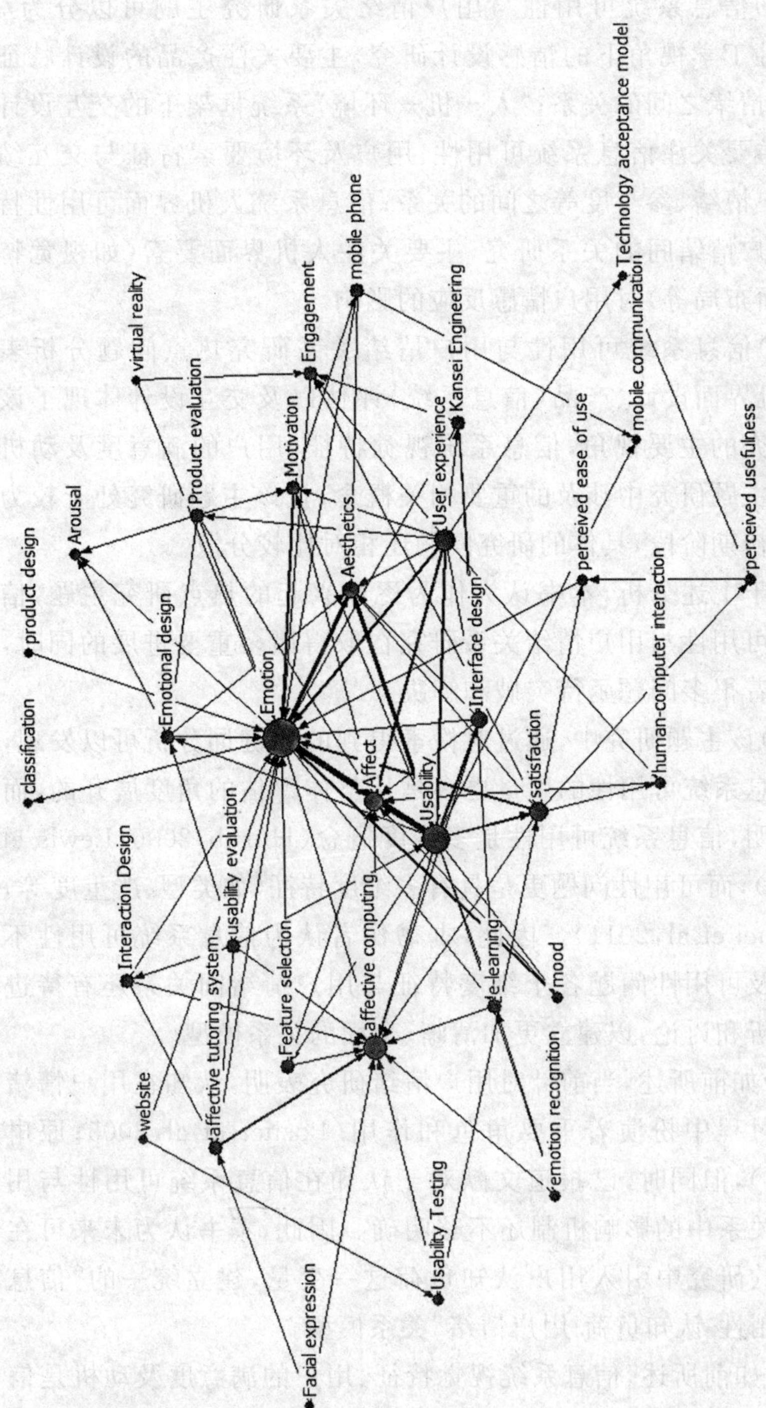

图2-6　信息系统可用性与用户情绪关系研究关键词共现网络

(2)信息系统可用性与用户情绪关系研究主题可以分为3类:感性工学视角下的情感设计研究,主要关注产品的设计特征与用户情绪之间的关系;"人—机—环境"系统框架下的交互设计研究,主要关注信息系统可用性、用户及环境要素特征与交互绩效、用户情绪、参与度等之间的关系;信息系统人机界面可用性特征与用户情绪间的关系研究,主要关注人机界面要素(如视觉特征、界面布局等)对用户情感反应的影响。

(3)信息系统可用性与用户情绪关系研究热点问题分析表明:人机界面设计、产品(信息系统)评估以及交互设计体现了该主题研究的主要视角,信息系统视觉特征、用户的满意度及动机则是该主题研究中涉及的重要相关概念;且该主题研究处于较为活跃的初期阶段,具体的研究问题还相对比较分散。

基于上述分析,本书认为作为逐步兴起的热点研究主题,信息系统可用性与用户情绪关系研究在取得诸多重要进展的同时,还存在着很多问题亟待突破和解决:

(1)该主题研究中,通过对检索得到的关键词分析可以发现,对于信息系统可用性的度量更多是从整体评估的角度展开的,而研究表明,信息系统可用性是多维度概念(Hornb,2006;Lewis et al,2015),而可用性问题更是具有多维度特征(如类型、严重度等)(Khajouei et al,2011)。因此,本书作者认为信息系统可用性不同维度及可用性问题各个维度特征与用户情绪间关系还有待进一步分析和讨论,以建立更加清晰、全面的关系模型。

(2)如前所述,当前针对用户情绪研究表明,认知在用户情绪的发生过程中扮演着重要角色和作用(Posner et al,2005;原琳等,2011),但同时,已报道文献对于认知在信息系统可用性与用户情绪关系中的影响机制还不够明确。因此,本书认为未来可在该主题的研究中引入用户认知负荷这一变量,建立统一的"信息系统可用性-认知负荷-用户情绪"关系模型。

(3)如前所述,信息系统视觉特征、用户的满意度及动机是信息系统可用性与用户情绪关系研究的重要相关变量。基于此,本书认为未来针对该主题的模型及验证性研究中可尝试对上述变量进行整合，从人机交互整体性的视角审视信息系统可用性对用户情绪的影响。

2.3.3　现有研究综述

从上述分析可以看出，已有的研究涵盖了信息系统可用性影响下的用户情绪诱发原因、模式及行为后果等方面，并取得一系列的研究成果。但同时也必须看到，现有研究还存在着诸多局限和有待深入之处，相关理论问题阐释的不明确显著地制约了研究成果在信息系统可用性工程、组织管理等实践中的应用范围和价值。

首先，现有研究中更多的聚焦于信息系统可用性，而系统可用性较低与存在可用性问题并不是一致性的概念。感知工学研究中的隐含逻辑在于系统的备选设计方案中存在着可用性最优的选项，并通过理论和实验分析试图将其挖掘和呈现出来（Seva et al，2011）。但这与信息系统，尤其是信息系统可用性工程实际是不相符的，信息系统设计和开发的起点往往是存在可用性问题的原型产品或者测试版系统。理论研究假设和管理工程实践的不匹配，导致的结果就是成果对于实践的指导意义受限。

其次，现有研究中对于信息系统可用性的讨论和分析集中于感知可用性，表现为对于可用性的测量主要采用了用户整体感知的度量量表（Seo et al，2016）。感知可用性测度了信息系统人机交互中用户对于系统的感知体验，是概括性的，却难以体现具体交互情景中个体遭遇的信息系统可用性问题特征，进而限制了研究结果在可用性问题发生原因及后果分析中的应用。

正如前述研究中指出的，相较于感知可用性，情境可用性更多关注的是信息系统在特定使用情境下的内在特征（Din，1998），对于可用性问题的考察也置于具体的人机交互任务、场景之中，研究结论对于信息系统的可用性优化也将更具理论上的指导意义和价值。

同时，现有研究中对于可用性问题特征的关注不足，可用性问题的特征（如典型的类型、严重度特征）在信息系统工程中是重要的决策参考和依据。实践经验中可以发现，具备不同特征的可用性问题对于用户情绪的影响模式、后果是不同的，甚至是存在着巨大差异的。但理论研究中却相对缺失，没有针对上述问题建立研究范式和模型，进而产生对应的管理实践问题理论阐释的模糊。

最后，在信息系统可用性与用户情绪的研究中，单个研究中对于情绪的考察还不尽完备。已有研究承认用户情绪的多维度特征，分别涉及用户情绪的主观体验、特定的生理反应指标，如脑电、呼吸、皮电等，但针对特定研究情境建立完备的用户情绪分析体系的研究则相对欠缺。

而即便是针对用户情绪的主观体验的相关研究中，正如前述综述中指出的，关于情绪结构的讨论在学术界长期存在着维度取向（连续情绪假设）和分类取向（离散情绪假设）两种并存的观点流派（乐国安，董颖红，2013）。两种观点的研究结论在管理实践中有着显著不同的应用领域，其中，连续情绪的研究更加有利于情绪与其他研究变量间的建模分析，尤其是因果关系的建立和讨论，而离散情绪的研究在用户情绪管理和干预的理论和实践中更具有相对优势。因此，从理论分析的角度看，在信息系统可用性问题与用户情绪关系的讨论中，单一地采用任何一种情绪结构的观点假设展开研究，相关的研究结果都会不同程度地存在片面性。

综上所述，在信息系统可用性问题与用户情绪的研究中，从自变量、因变量、研究假设、研究情境等角度看，理论研究均存在着亟待进一步分析和解释的问题。这一现实也表明，从实践中抽象出的研究选题“信息系统可用性对用户情绪的影响研究”，对于建立更加完善的信息系统可用性与用户情绪关系的研究体系具有显著的理论价值和意义。

2.4　本章小结

本章对信息系统可用性、用户情绪进行了综述分析，并结合本书研究对象、目标提出了所涉及概念的内涵、结构及测量，尤其是分析和讨论了可用性、情绪与相近概念间的异同。同时，在概念研究基础上，运用共词分析、社会网络分析技术，对信息系统可用性与用户情绪关系研究进行综述。研究结果表明，信息系统可用性与用户情绪关系研究正成为信息系统人机交互领域新的研究热点；研究主题分为感性工学视角下的情感设计研究、“人—机—环境”系统框架下的交互设计研究、人机界面要素特征对用户情感反应影响研究 3 类；热点问题分析表明人机界面设计、产品(信息系统)评估以及交互设计体现了该主题研究的主要视角，信息系统视觉特征、用户的满意度及动机则是该主题研究中涉及的重要相关概念，但相关研究总体上处于较为活跃的初期阶段，具体的研究问题还相对比较分散。同时，在已有研究的特点讨论基础上，对该主题未来的可能研究问题和机会进行了分析。

基于上述分析发现，从信息系统的角度出发，分析可用性问题对于用户情绪的影响，研究不同可用性问题类型、严重度水平下，信息系统用户主观情绪、情绪生理指标的变化规律和特点，是对现有研究的深化和进一步推动，具有创新性，对于发展信息系统用户体验研究理论和方法体系具有显著价值。

第3章 基于可用性问题分类框架的信息系统可用性检查列表技术研究

为了分析信息系统可用性问题对用户情绪的影响，首先必须提供有效的信息系统可用性问题刺激材料。但同时，由于信息系统可用性不能够直接测量，只有通过构建可用性指标结构才能够开展可用性评价（Hornb，2006），因此，在可用性工程实践过程中，诸如"界面友好"、"易用性高"等概括性的描述对于信息系统可用性问题发现和评估、可用性问题评级的指导意义有限，开发可操作性强、明确清晰且与领域知识高度切合的可用性评价工具显得必要且极具价值。

考虑到可用性研究与系统使用情境高度依赖的特征，在不失方法研究一般性的同时，保证研究的严谨性和科学性，本章面向信息系统可用性评价需求，结合特定领域信息系统（军事领域指挥信息系统）的设计结构和任务特征，提出可用性检查列表开发方法。基于可用性问题分类框架设计系统可用性评价要素结构，建立面向个人应用的信息系统可用性评价准则集合，在此基础上对可用性检查要素内容与可用性评价准则进行匹配，开发信息系统可用性检查列表，并通过军事领域指挥信息系统可用性评估的案例研究检验本章提出方法的有效性和可行性。

3.1 信息系统可用性检查列表技术需求分析

3.1.1 可用性检查列表

在信息系统(如运动监测手环信息系统、指挥信息系统、个人办公自动化系统等)寿命周期不同阶段,实施可用性评价并发现、消除潜在的可用性问题是提高系统可用性的关键环节。当前,可用性评价方法主要包括自动化方法、形式化方法、实验(可用性测试)分析方法以及启发式方法等(Nielsen,Molich,1990)。其中,较之其他的评价技术,启发式评价技术由于其具有的时间和成本优势,且容易掌握和操作,在信息系统设计和实现阶段应用广泛。对于信息系统设计和实现者而言,启发式评价方法中的可用性准则通用性强,但也存在着与特定领域知识的结合还不够紧密,同时实践过程中评价结果的效度很大程度上依赖于评价人员的能力和经验。因此,为了满足信息系统设计和实现阶段的可用性评价需求,同时克服启发式评估对于评价人员可用性工程经验和领域知识的较高要求,并在评价效果和时间、成本间取得均衡,在可用性工程领域,以启发式评价技术为基础,衍生出了可用性检查列表,其面向系统设计和实现人员,体现了领域知识特征,操作简便灵活。同时,研究也证实,将可用性检查列表作为标准化工具整合进入软件系统开发和用户接受度测试,对于提高系统人因安全、效率及用户满意度等具有重要意义(Page,Schadler,2014)。

可用性检查列表技术被引入形成性可用性评价过程,相较于启发式评价技术,尤其是在系统早期生命周期阶段中的应用具备比较优势。其理论基础在于,信息系统设计和实现过程中,遵循的可用性参考包括高等级的理论和模型、中等级的准则以及实践层面的可用性指南(Shneiderman,2010)。启发式评价方法基于一系列的中等级可用性设计准则得以实施，结合领域知识、面向具体应用将可用性设计准则进一步细化，则得到实践层面的可用性指南（Hertzum，2010；Te'eni et al，2005），其中就包括可用性检查列表工具。因此，从操作所依据的规范和准则角度分析，相较于普通的启发式评价方法，可用性检查列表与特定信息系统的领域知识、使用情境紧密结合，更适用于研究和工程人员使用。

可用性检查列表的开发主要包括两个阶段：建立可用性检查列表初始项集合；对可用性检查列表初始项进行整合、优化，如删减、合并、增加及权重分析等。其中，可用性检查列表初始项集合的建立方法主要包括文献综述，模型分析，访谈（如头脑风暴法、焦点小组法等）等。例如，Ji 等手机可用性检查列表开发中，在文献综述基础上，通过信息系统人机界面要素与可用性准则的匹配过程建立初始列表项集合（Ji et al，2006）；Lee、Jin 和 Ji 等基于模拟情境技术建立家用电器设备控制信息系统可用性检查列表的初始项集合（Lee et al，2011）；Alroobaea，Al-Badi 和 Mayhew 则综合运用文献综述、用户预测试、专家焦点小组等方法，进行在线教育系统可用性检查列表初始项集合的建立（Alroobaea et al，2013；Alroobaea et al，2013）。尤其需要指出的是，建立可用性检查列表初始项集合必须紧密结合面向应用的特定领域知识，例如，Lim 和 Lee 在 E-Learning 系统可用性研究中，就提出了区别于一般可用性的"面向教学的可用性"概念，并以此为基础开发可用性检查列表（Lim，Lee，2007）。在建立可用性检查列表初始项集合基础上，需依据列表开发的目的和测量对象的概念结构对初始项进行整合、优化，以保证不同项之间的一致性和测量的单一维度（Clark，Watson，1995）。例如，Tezza，Bornia 和 De Andrade 应用项目反应理论模型评估实际测量结果的收敛性，进行可用性检查列表初始项一致性检验，并以此为依据删减部分初始项（Tezza et al，2011）；另外的研究中，Oztekin 等则应用结构方程模型对可用性检查列表进行信度和效度检验，并量化不同项的权重指数（Oztekin et al，2009；Kong et al，2010）。同时，已报道部分研究中也存在着,可用性检查列表开发的两个阶段界限区分并不是很清晰,例如,通过对可用性设计准则的选择过程实现可用性检查列表项的整合、优化(Ji et al,2006),可用性检查列表初始项集合建立过程与整合、优化过程相融合,两个阶段实现统一。

综合已有研究可以发现,由于信息系统产品设计用户体验和系统人因可靠性日益受到重视,发现、消除信息系统可用性问题在工程实践领域存在巨大需求,可用性检查列表的研究在人因工程领域得到持续关注。但同时,一方面,在研究方法上,已报道可用性检查列表开发方法主要是从系统开发者视角提出的,集中表现为可用性评价要素结构主要基于的是软件工程领域的信息系统开发框架,对于系统操作流程及流程所体现的任务结构关注不足;另一方面,在研究对象上,已报道研究中关注民用领域信息系统较多,紧贴本书研究背景,适于军事作战与训练使用情境的信息系统可用性评价准则较少,面向军事应用的针对性不明显。

同时,需要指出的是,依据应用的阶段不同,可用性评价方法可分为形成性评价和总结性评价,二者在目标和操作层面存在着本质差异(Lewis,2014)。本章所涉及的可用性检查列表属于一种用于形成性可用性评价的工具,其应用目的是发现信息系统设计方案或原型系统中潜在的可用性问题,并进行严重性评估,为信息系统可用性优化和迭代设计提供依据。

3.1.2 军事信息系统可用性检查列表

军事信息系统,如指挥信息系统、导弹测控系统等,是各级军事人员实现战场态势感知的主要手段和工具,是军事作战能力生成的重要载体,其功能可通过“6R”集中概括,即在正确的时间(Right Time)、正确的地点(Right Place)传递正确的信息(Right Information),以辅助正确的决策(Right Decision),实现传递正确的意图(Right effect)和获取正确的结果(Right Outcome)之目的。但同时,信息的实变性、不完整性和不确定性,有限的计算资源和通信带宽,任务的关键性以及信息需求实时性等因素,对信息系统功能的有效发挥提出严峻挑战(Boukhtouta et al,2005)。在这样的情形下,军事信息系统可用性,即系统在作战和训练环境下被用户操作时所具有的有效性、效率和主观满意度(Din,1998;Tarkkanen et al,2015),显得至关重要,高可用性的系统将有效降低用户的工作负荷、防止人因失误的发生、提高用户的满意度,并最终影响用户对于信息系统的接受程度(Venkatesh,Davis,2000)。因此,在军事信息系统设计和实现过程中,开展"以用户为中心设计",提高人机界面的可用性水平日益得到关注和重视。

军事应用领域,一方面,面向作战与训练使用情境的信息系统可用性检查列表研究文献报道有限;另一方面,已开发的检查列表还不能完全适应军事信息系统可用性评价,主要是由于可用性与产品设计的使用情境,诸如用户、任务、环境等特征等密切相关(Bevan,Macleod,1994)。与其他信息系统相比较,军事信息系统具有组成结构复杂(如控制输入方式多样、信息输出界面集成度高、设计自毁装置模块等)、使用环境多变甚至恶劣、操作任务关键度高和时间压力大等特点,其可用性特征更加强调面向态势感知和保证人因可靠性(Gouin et al,2011),而现有的可用性检查列表则主要面向商业和个人应用,如信息搜索、数据管理等,更加强调用户主观满意度。二者在研究目标、价值取向等方面的差异使得现有研究成果难以直接迁移到对于军事信息系统可用性评价的研究和实践当中。

基于上述分析,本章面向信息系统产品设计和实现阶段的可用性评价需求,以军事信息系统可用性评估为背景,建立系统的可用性评价要素结构和评价准则集合,提出可用性检查列表开发方法,并通过案例研究检验和分析所提出方法的有效性,为军事信息系统领域可用性工程实践提供手段和工具,在理论和实践中均具有显著意义和价值。

3.2　基于可用性问题分类框架的检查列表开发方法与过程

基于前述分析，本章研究将可用性检查列表应用目的侧重于发现信息系统潜在可用性问题，提出基于可用性问题分类框架 UPT 的军事信息系统可用性评价要素结构，建立面向军事应用的信息系统可用性评价准则集合，并在此基础上对信息系统可用性检查要素内容与可用性评价准则进行匹配，实现军事信息系统可用性检查列表。

基于 UPT 的可用性检查列表开发主要包括：建立基于 UPT 框架的信息系统可用性检查要素结构；建立面向军事应用的信息系统可用性评价准则集合；对信息系统可用性检查要素内容与可用性评价准则进行匹配。

3.2.1　基于可用性问题分类框架的可用性检查要素结构

可用性问题分类 UPT 框架采用 Keenan 等提出的可用性问题分类方法，将可用性问题分为设计类和任务类两个考察维度 (Keenan et al，1999)，相较于其他分类技术，该方法有助于从用户视角描述可用性问题、从开发人员角度审视可用性问题产生原因及为可用性问题影响评估提供依据。同时，本章结合军事信息系统特点，对 UPT 进行了调整，将产品设计分为物理硬件设计和软件界面设计两部分，并以此为基础建立子层级结构，共包括 3 大类 8 个要素，如图 3-1 所示。

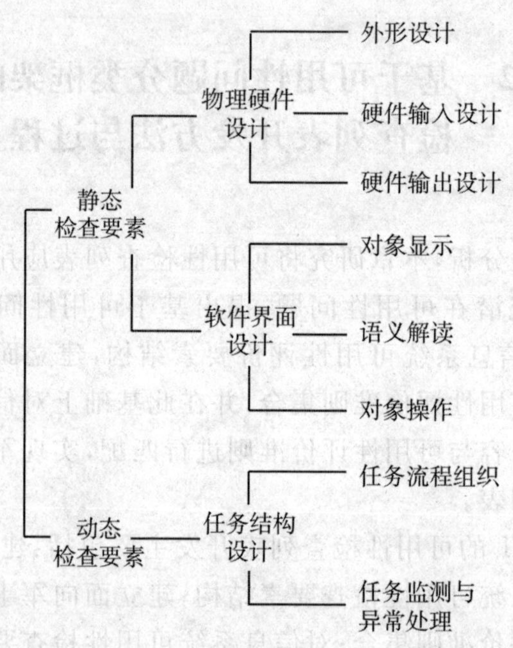

图 3-1　基于 UPT 框架的信息系统可用性检查要素结构

图 3-1 中各可用性检查要素的具体内容如表 3-1 所示，信息系统设计层面的可用性问题通过静态检查发现，任务层面的可用性问题将主要通过动态检查发现。其中，信息系统设计层面分为物理硬件设计和软件界面设计两个大类，物理硬件设计涉及系统的外形设计、硬件输入设计、硬件输出设计等，软件界面设计涉及系统的对象显示、语义解读、对象操作等。任务结构设计包括系统的任务流程组织、任务监测与异常处理等两个方面，体现了信息系统开发人员对于军事作战与指挥流程的理解和认知，即信息系统操作使用过程中信息组织的逻辑结构和方法。对于信息系统任务结构设计的检查，必须通过基于模拟情境或实测任务的操作进行，如对于设计方案可以在设置的模拟情景中演示人机交互过程，对于原型系统则可以针对设计的操作任务进行实际测试，进而获得信息系统设计或原型系统中的任务结构方案。

表 3-1　信息系统可用性检查要素

<table>
<tr><th>第一层</th><th>第二层</th><th>第三层</th><th>内容</th></tr>
<tr><td rowspan="6">静态检查要素</td><td rowspan="4">物理硬件设计</td><td>外形设计</td><td>尺寸、形状、携行装置、模块耦合、功能区布局</td></tr>
<tr><td>硬件输入设计</td><td>启动/退出装置、操控装置、自毁装置</td></tr>
<tr><td>硬件输出设计</td><td>显示屏、状态指示灯、仪表盘、输出记录装置</td></tr>
<tr><td>对象显示</td><td>启动/退出显示、关键操作确认显示、操作结果显示、显示更新速度、显示对象布局、系统帮助</td></tr>
<tr><td rowspan="2">软件界面设计</td><td>语义解读</td><td>图标/图形/符号、菜单名称、屏显文字</td></tr>
<tr><td>对象操作</td><td>可视化操作线索/提示、操作入口/对象</td></tr>
<tr><td rowspan="2">动态检查要素</td><td rowspan="2">任务结构设计</td><td>任务流程组织</td><td>人机交互模式(人主导/机器主导)、任务导航、功能分配</td></tr>
<tr><td>任务监测与异常处理</td><td>任务监视、备选任务执行方案、自动化、任务撤销/终止</td></tr>
</table>

3.2.2　面向军事应用的信息系统可用性评价准则集合

可用性评价准则集合的建立遵循如下过程：首先，通过文献综述建立信息系统可用性评价准则初始集合；然后，通过专家评估，剔除“与军事应用绩效无关或受评价人员主观信念影响”的可用性评价准则；其次，基于多维尺度分析、聚类分析对可用性评价准则进行结构分析和优化，建立信息系统可用性评价准则结构及内容体系。

1. 信息系统可用性评价准则初始集合建立

与军事信息系统相似的系统可用性评价准则研究，主要应用领域包括车载信息系统、家用电气设备、控制中心站以及可穿戴设备等的可用性评价。基于文献综述，整理得到的可用性评价准则如表 3-2 所示。

表 3-2 信息系统可用性评价准则

引用文献	可用性评价准则
Ravden，Johnson(1989)	视觉表达的明确性；与用户操作习惯的一致性；与相关系统工作模式的相容性；操作反馈的明确性；功能清晰度；功能与任务适配性；灵活性与可控性；防错与可纠正性；用户帮助完善度
Nielsen(1994)	系统状态可见性；与用户表达习惯匹配性；用户可控与灵活性；表达一致性和规范性；防错性；视觉表达直接性；易学性；设计美观度和简洁度；系统错误可测试性和可恢复性；用户帮助文档完善度
Harvey et al(2011)	交互过程的有效性；交互过程的效率；对主任务的非干扰；易学性；初次使用的有效性；初次使用的效率；可个体化定制程度；全系用户普适性；初次使用满意度；感知有用性；短期和长期使用满意度；易记性
Wong-Parodi，Fischhoff，Strauss (2014)	对决策知识需求的支持；对信息集成的支持；对统计推断的支持
Alonso-Ríos，Mosqueira-Rey，Moret-Bonillo(2014)	操作程序的可知性；有效性；效率；系统自身健壮性；外部安全性；用户满意度
Wang，Huang(2015)	可见性；易学性；效率；用户愉悦度

2. 信息系统可用性评价准则删减

以信息系统可用性评价准则初始集合为基础，对初试准则进行筛选，剔除标准为满足如下一个或多个条件：重复；与军事应用情境相关度低；易受评价人员主观信念影响。同时，如果准则间存在包含关系，如“可见性”包含“系统状态可见性”，则剔除被包含准则，但其中考虑到将“有效性”“效率”准则分别分解为面向一般交互过程和面向新手交互过程的对应准则更加适合军事应用情境，因此对“有效性”“效率”准则进行剔除；如果准则存在明显多维度，如“灵活性与可控性”“防错与可纠正性”“表达一致性和规范性”“系统错误可测试性和可恢复性”“用户帮助与用户文档完善度”等，则对准则进行分解得到单一维度准则。得到可用性评价准则备选集合，结果如表 3-3 所示。

表 3-3　信息系统可用性评价准则备选集合

项目	内容
剔除的可用性评价准则	用户指南与帮助完善度(1)；系统状态可见性(1)；用户可控与灵活性(1)；防错性(1)；设计美观度和简洁度(3)；对主任务的非干扰(2)；易学性(1)；初次使用满意度(3)；感知有用性(2)(3)；短期和长期使用满意度(3)；有效性(1)；效率(1)；用户满意度(3)；用户愉悦度(3)
保留的可用性评价准则	视觉表达的明确性；与用户操作习惯的一致性；与相关系统工作模式的相容性；操作反馈的明确性；功能清晰度；功能与任务适配性；灵活性；可控性；防错性；可纠正性；与用户表达习惯匹配性；表达一致性；表达规范性；视觉表达直接性；易学性；系统错误可测试性；系统错误可恢复性；用户帮助文档完善度；交互过程的有效性；交互过程的效率；初次使用的有效性；初次使用的效率；可个体化定制程度；全系用户普适性；易记性；对决策知识需求的支持；对信息集成的支持；对统计推断的支持；操作程序的可知性；系统自身健壮性；外部安全性；可见性

注：剔除准则中项目标注代表满足的剔除条件。

3. 信息系统可用性评价准则结构分析和优化

由 8 名可用性专家对备选集合中的可用性评价准则进行两两配对的相关性量化评估，构建准则间相关矩阵，其中，“0”代表完全不相关；“1”代表存在一定相关性；“2”代表高度相关。对准则间相关矩阵进行基于最优尺度变换的多维尺度分析，模型拟合优度 Stress 指标为 0.09234，D. A. F. 指标为 0.90766，模型拟合效果较好，得到评价准则空间坐标如表 3-4 所示。

表 3-4 可用性评价准则空间坐标

评价准则	空间坐标	评价准则	空间坐标
视觉表达的明确性	[-0.285,0.567]	系统错误可恢复性	[-0.644,-0.565]
与用户操作习惯一致性	[0.478,0.217]	用户帮助文档完善度	[0.421,0.610]
与相关系统工作模式的相容性	[-0.27,-0.893]	交互过程的有效性	[0.611,-0.018]
操作反馈的明确性	[-0.620,0.387]	交互过程的效率	[-0.094,0.271]
功能清晰度	[0.197,-0.298]	初次使用的有效性	[0.380,-0.312]
功能与任务适配性	[0.507,-0.600]	初次使用的效率	[-0.188,0.222]
灵活性	[0.230,-0.718]	可个体化定制程度	[0.670,0.445]
可控性	[-0.798,0.015]	全系用户普适性	[0.319,0.175]
防错性	[-0.632,-0.237]	易记性	[0.629,-0.132]
可纠正性	[-0.708,0.160]	对决策知识需求的支持	[0.468,1.015]
与用户表达习惯匹配性	[-0.080,-0.362]	对信息集成的支持	[0.842,-0.505]
表达一致性	[-0.195,-0.378]	对统计推断的支持	[0.939,-0.226]
表达规范性	[-0.431,-0.024]	操作程序的可知性	[0.142,0.491]
视觉表达直接性	[-0.267,0.022]	系统自身健壮性	[-0.387,-0.270]
易学性	[0.193,0.074]	外部安全性	[-0.591,0.639]
系统错误可测试性	[-0.719,-0.226]	可见性	[-0.116,0.452]

应用组间平均链接法，对每项评价准则的二维空间坐标进行聚类分析，聚类过程谱系图如图 3-2 所示。

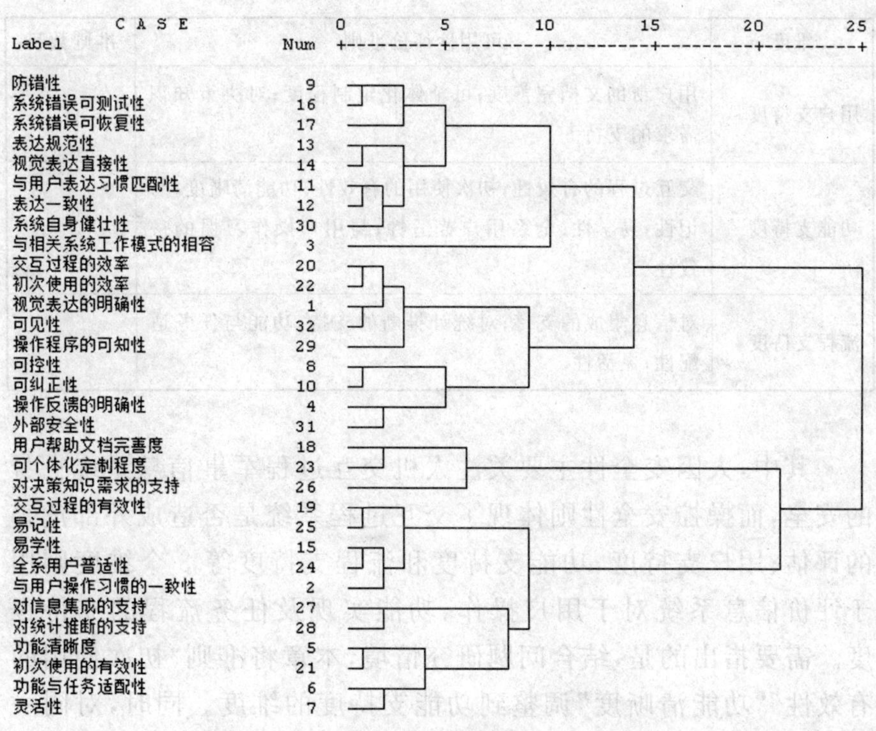

图 3-2　可用性评价准则聚类过程谱系图

以聚类过程谱系为基础，本章将可用性评价准则分为人因安全性、相容性、操作便捷性、操作安全性、用户支持度、功能支持度和流程支持度等 7 个维度 31 项准则，如表 3-5 所示。

表 3-5　信息系统可用性评价准则结构及内容

维度	可用性评价准则	准则数目
人因安全性	防错性；系统错误可测试性；系统错误可恢复性；系统容错性；表达规范性；表达一致性；表达直接性；与用户表达习惯匹配性	8
相容性	与相关系统工作模式的相容性	1
操作简捷性	交互过程的效率；初次使用的效率；视觉表达的明确性；操作对象可见性；操作程序的可知性	5
操控安全性	可控性；可纠正性；操作反馈的明确性	3

续表

维度	可用性评价准则	准则数目
用户支持度	用户帮助文档完善度;可个体化定制程度;对决策知识需求的支持	3
功能支持度	交互过程的有效性;初次使用的有效性;功能清晰度;易记性;易学性;全系用户普适性;与用户操作习惯的一致性	7
流程支持度	对信息集成的支持;对统计推断的支持;功能与任务适配性;灵活性	4

其中,人因安全性主要关注人机交互过程军事信息系统自身的安全,而操控安全性则体现了交互过程系统是否造成外部危害的评估;用户支持度、功能支持度和流程支持度等 3 个维度则用于评价信息系统对于用户操作、功能实现及任务流程的支持程度。需要指出的是,结合问题研究情境,本章将准则“初次使用的有效性”“功能清晰度”调整到功能支持度的维度。同时,对同一维度内的可用性评价准则进行了整合优化,使各个准则的含义更加明确:(1)人因安全性维度中,“系统自身健壮性”调整为“系统容错性”,“视觉表达直接性”调整为“表达直接性”;(2)操作简捷性维度中,“可见性”调整为“操作对象可见性”;(3)操控安全性维度中,删除了“外部安全性”准则。

通过分析可以发现,与其他可用性准则集合相比较,军事信息系统可用性评价准则具有两个特点:(1)安全性,包括人因安全性和操控安全性,占据重要地位,这是由军事信息系统任务关键性决定的;(2)流程支持度作为单一维度提出,体现了军事信息系统中任务流程组织的重要性,这是由于只有简洁、流畅的任务流程才能够最大程度地支持复杂条件下的军事作战与指挥。

3.2.3 可用性检查要素内容与可用性评价准则的匹配

每一可用性评价准则并不一定适用于所有可用性检查要素,

本章用虚线表达二者间的不适用关系，如图 3-3 所示为可用性检查要素与可用性评价人因安全性维度各准则间的匹配关系。据此，开发并形成具体化的可用性检查问题，建立面向军事应用的信息系统可用性检查列表。为使可用性检查列表更加适于信息系统研发人员使用，可用性专家和信息系统研发人员共同对形成的检查问题进行修改和确认，不致出现模糊和歧义。

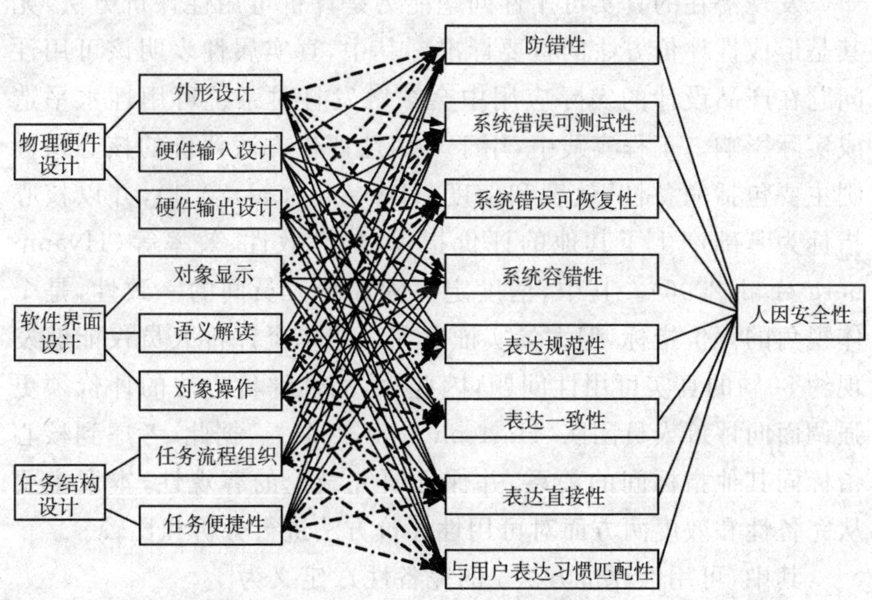

图 3-3　可用性检查要素与人因安全性维度各准则间匹配关系

3.3　基于案例研究的可用性检查列表有效性分析

为了评估所提出的军事信息系统可用性检查列表开发方法，本章节以基于该方法形成的军事信息系统可用性检查列表为例，与启发式评价方法、普渡可用性检查列表（Lin et al，1997）相比较，分析其可用性问题发现绩效。其中，用于启发式评价的可用性评价准则见表 3-5，包含 7 个评价准则维度 31 项具体准则项目;普渡可用性检查列表基于信息处理模型提出,包括 8 个维度 100 项具体问题,其已经有成熟的中文版本,并在可用性工程实践领域应用比较广泛。

3.3.1 评价指标

发现潜在的真实可用性问题能力是评价可用性评价方法,尤其是形成性评价方法的首要标准。其中,真实属性表明该可用性问题在产品设计的实际应用中会被触发且对系统可用性水平造成实际影响。工程实践中,用于可用性评价方法评价的核心指标则主要包括完备性、效度和信度(Hartson et al,2001),并以核心指标为基础产生了其他的评价指标,如有效性、效率等(Hvannberg et al,2006)。其中,信度定义为评价人员间的一致性,是个体视角的评价指标,但大量实证研究表明单个评价人员仅能够发现约 30%的真实可用性问题,因此,可用性评价方法的评价须更强调面向评价人员团队(Hartson et al,2001)。据此,考虑到核心指标同其他指标间的关系,并保证研究结论的客观性,本章主要从完备性和效度两方面对可用性评价方法进行分析和比较。

其中,可用性评价方法 i 的完备性 t_i 定义为

$$t_i = \frac{|P_i|}{|A|} \tag{3-1}$$

式中:$|P_i| = |P_{i1} \cup P_{i2} \cup \cdots \cup P_{in}|$ 是可用性评价方法 i 发现的真实可用性问题集合的势,$P_{ij}(j=1,2,\cdots,n)$ 是评价人员 j 应用评价方法 i 发现的真实可用性问题集合,n 是评价人员数目,$|A|$ 是信息系统所有的真实可用性问题集合的势,其值由如下计算方法进行估计(Kanis,2011):

应用可用性评价方法 i 得到对 $|A|_i$ 的估计

$$|A|_i = \max\left[\sum_{m=1}^{n} \frac{D_n^m}{1-(1-m/n)^n}\right], D_n \frac{\sum_{m=1}^{n} mD_n^m}{\sum_{m=2}^{n} mD_n^m} \tag{3-2}$$

式中：D_n 是 n 个评价人员发现的真实可用性问题数目，D_n^m 是由 n 个评价人员中的 m 个评价人员均发现的真实可用性问题数目，乘数 $\frac{1}{1-(1-m/n)^n}$ 可通过查表获得。在此基础上，得到对 $|A|$ 的估计。

$$|A| = \max(|A|_1, |A|_2, |A|_3) \tag{3-3}$$

可用性评价方法 i 的效度 v_i 定义为

$$v_i = \frac{|P_i|}{|P'_{i1} \cup P'_{i2} \cup \cdots \cup P'_{in}|} \tag{3-4}$$

式中：$P'_{ij}(j=1,2,\cdots,n)$ 是评价人员 j 应用评价方法 i 发现的疑似可用性问题集合，其中每个元素经可用性专家和系统用户综合判定是否为真实可用性问题。

3.3.2　方法

本章的可用性评价对象是某指挥信息系统原型系统，该信息系统基于国产 CPU 和操作系统平台，对于实现我军指挥信息系统装备的自主、安全、可控具有重要意义。可用性评价人员为该装备承研单位的研发工程师，共计 15 人，年龄在 24～38 岁之间(均值为 32.10 岁，标准差为 4.24 岁)。

实验过程遵循以下步骤：将 15 名评价人员随机分为 A、B、C 共 3 组，每组 5 人，A 组应用启发式评价方法、B 组应用普渡可用性检查列表、C 组应用本章提出的可用性检查列表分别对原型系统进行可用性评价；评价开始前，由实验人员对本次实验目的和过程进行说明，针对相应的可用性评价工具进行使用培训，确认评价人员明确知晓后开始可用性评价过程；每名评价人员的可用性评价过程是独立进行的，实验人员负责记录，评价结束后由评价人员向实验人员提交发现的可用性问题清单；由 8 名可用性专家和 3 名系统用户共同对提交的 15 份可用性问题清单进行检查，确认真实可用性问题集合，并将最终结果反馈给实验人员。其中，评判可用性问题真实性的准则为同时满足如下条件：(1)实际应用中会被触发；(2)问题严重性对系统可用性水平造成实际影响(如导致用户的冗余操作、降低系统操作效率等)。针对每一疑似可用性问题的评判中，6 人及以上形成共识的结论作为最终结果。

为了减少实验误差，采取了如下的措施进行实验控制：(1)实验开始前，被试被明确告知实验结果仅用于科学研究，且该结果记录采用匿名方式，不会影响单位对被试的绩效评价；(2)被试进行可用性评价前，首先进行简要的评价工具使用训练，确保被试能够正确掌握对应的评价工具使用技能和流程；(3)被试进行可用性评价中，评价过程是独立进行的，实验人员不进行提示和干扰，仅向其确认可用性评价过程的开始和结束；(4)被试进行可用性评价后，每名被试提交的结果均经过专家组的检查确认，建立真实可用性问题集合。通过上述措施，在避免社会偏见的干扰效应基础上，确保不同组别被试的可用性问题发现绩效差异是由实验自变量(即可用性评价工具)的不同水平决定的。

3.3.3 结果分析与讨论

1. 可用性评价方法的完备性分析

该原型系统潜在的真实可用性问题数目估计为：

$$|A| = \max(|A|_1, |A|_2, |A|_3) = \max(21.94, 16.26, 19.76) = 21.94 \tag{3-5}$$

不同可用性评价方法对应的完备性如表 3-6 所示。

表 3-6 不同可用性评价方法的完备性

组别	评价方法	发现真实可用性问题数目	完备性
A	启发式评价	18	82.0%
B	可用性检查列表(普渡)	14	63.8%
C	可用性检查列表(本章)	17	77.5%

结合可用性问题清单,可以发现 5 名评价人员参与的启发式评价和基于本章提出的军事信息系统可用性检查列表方法能够发现系统潜在的 80%左右真实可用性问题,高于基于普渡可用性检查列表的评价方法。主要原因涉及:(1)普渡可用性检查列表的提出时间比较早,而信息技术的飞速进步已经显著地改变了各类型信息系统形态、功能及人机交互模式的特征,限制了其对于当前信息系统可用性评价的适用性;(2)普渡可用性检查列表主要面向软件信息系统,而军事信息系统,如本章中的评价对象,更多的是以军事信息系统的形态出现,因此,导致其难以发现特定类型的可用性问题,如军事信息系统携行装置的人体生理适配、系统状态信息通过硬件输出的可见性等问题。

2. 可用性评价方法的效度分析

在可用性专家和系统用户对评价人员提交的可用性问题清单进行综合判定基础上,得到不同可用性评价方法的效度如表 3-7 所示。

表 3-7　不同可用性评价方法的效度

组别	评价方法	可用性问题数目①	合计②	效度
A	启发式评价	10(7)11(7)11(7)13(10)12(8)	27(18)	66.7%
B	可用性检查列表(普渡)	6(5)7(6)8(6)9(7)10(8)	18(14)	77.8%
C	可用性检查列表(本书)	11(9)9(7)11(8)9(7)10(7)	22(17)	77.3%

注:①括号外数目代表评价人员提交问题数目,括号内代表经确认为真实可用性问题数目;

②合计数目中对于不同评价人员间出现的重叠项目进行了合并。

可以发现,相较于启发式评价方法,可用性检查列表方法的效度要高。结合经确认的真实可用性问题集合,表明基于启发式评价方法提交的问题清单中,经确认为非真实可用性问题主要集中于疑似可用性问题严重程度较低,可用性专家和用户认为其并不会对信息系统的操作使用造成显著影响。这是由启发式评价方法的特点决定的,其评价过程基于一系列的可用性评价准则,而准则描述了产品设计应实现的可用性特征。但是,在信息系统工程实践中,“低可用性水平”并不一定等价于存在真实的可用性问题。而本章提出的可用性检查列表,基于UPT框架建立了信息系统可用性检查要素结构,对可用性评价准则具体化,使真实可用性问题发现的指向更加明确,因此得到了较高的效度水平。

综上所述,由于本章提出的可用性检查列表更适用于当前军事信息系统的特征和应用情境,且是建立在UPT框架上,能够更加准确地定位和确认真实的可用性问题,相较于启发式评价方法、普渡可用性检查列表,其能够同时具备满意的完备性和效度特征,具有显著的比较优势。从管理实践的角度分析,研究结果表明:(1)提出的可用性检查列表同时具备较高的完备性和效度水平,更加适用于当前军事信息系统可用性评价的问题情境;(2)同时,案例研究结论也间接验证了,本章提出的基于UPT框架建立信息系统可用性检查要素结构,并以此为基础开发可用性检查列表的方法,具有理论支撑性和操作可行性;(3)上述结论也验证了面向评价对象对应的领域知识,如本章中的军事信息系统特征,建立个性化可用性检查列表开展可用性评价的必要性和实践价值。

3.4 本章小结

本章信息系统可用性评价需求,尤其是信息系统设计和实现过程中的系统可用性问题发现需求,结合具体的军事领域信息系统情境,提出了建立信息系统可用性检查列表的方法,并通过案例分析,同启发式评价方法、普渡可用性检查列表相比较,分析了本书作者提出的系统可用性检查列表的绩效。研究结果表明,由于本章提出的可用性检查列表更适用于当前军事信息系统的特征和应用情境,且是建立在UPT框架上,能够更加准确地定位和确认真实的可用性问题，相较于启发式评价方法、普渡可用性检查列表，其能够同时具备满意的完备性和效度特征，具有显著的比较优势。

本章研究成果能够为信息系统可用性评价、可用性问题发现提供有效的工具和手段支撑，同时为本书的后续研究提供了基础和前提保证。

第 4 章　信息系统可用性问题对用户主观连续情绪的影响

从工程实践角度看,用户主观情绪的不同维度对于信息系统使用行为的影响是不一样的,为了提高信息系统可用性工程的针对性,有必要厘清可用性问题对于用户主观情绪不同维度的影响过程。而从理论研究角度看,如前所述,当前信息系统可用性与用户情绪之间的关系研究在人机交互领域日益得到重视,并取得系列研究成果,但还存在以下问题:(1)已报道研究集中于感知可用性视角,对于从情境可用性视角开展的研究还比较欠缺,而感知可用性与情境可用性之间是存在差异的,前者更关注用户的主观体验,而后者更加关注系统的使用质量(Hertzum,2010),关注焦点在于具体使用情境中信息系统的可用性;(2)具体到可用性问题层面,对于用户情绪和信息系统可用性关系研究中则较少涉及可用性问题类型和严重度,而相关研究则初步表明,上述变量对于系统可用性优化是至关重要的(Khajouei et al,2011)。基于此,本章从情境可用性视角出发,针对信息系统可用性问题与用户情绪的关系开展研究,分析可用性问题的类型、严重度特征对于用户主观情绪的影响,为信息系统可用性测试和开发提供依据和支撑。

用户情绪是多维度概念,包括情绪生理反应和情绪主观体验;同时,用户主观情绪的结构存在分类取向和维度取向两种理论。本章将基于主观情绪连续的假设,分析信息系统可用性问题对用户主观情绪影响,在可用性实验基础上,讨论不同类型、严重度水平的可用性问题诱发的用户主观情绪效价、唤起度以及支配度的变化特点及规律。其中,对于情绪效价的讨论,考虑到可用性问题条件下的信息系统人机交互为负性事件,其诱发的情绪效价为负性,本章将对效价强度进行重点分析,即分析不同类型、严重度水平的可用性问题对用户负性情绪效价强度的影响。

4.1　研究假设

维度取向视角下的用户主观情绪是连续的,依据 Mehrabian-Russell 模型用户主观情绪被认为包含效价、唤起度和支配度三个维度,分别代表了情绪主观体验中不同维度的特征,且对个体行为产生不同的影响结果(吴彬星等,2015;Bradley,Lang,1994)。本章将以 Mehrabian-Russell 模型为基础建立假设并进行检验,分析信息系统可用性问题对用户主观情绪影响。

4.1.1　可用性问题对用户主观情绪效价的影响

效价是指用户主观情绪体验中愉快/不愉快及其强度的特征(Bradley,Lang,1994;Lan et al,1997),效价强度则是指情绪刺激材料诱发的个体正/负性情绪体验程度的强弱,通过对用户情绪效价的评级进行测量。需要指出的是,效价强度与情绪唤起度是不同概念,情绪唤起度关注的是情绪刺激材料诱发的个体生理激活程度的差异,体现了主观情绪从平静到兴奋的不同水平(袁加锦,李红,2012)。研究表明,相较于正性情绪刺激,个体情绪效价强度对于负性情绪刺激更加敏感,且这种效应是相对稳定(Yuan et al,2007;Meng et al,2009)。在本章的研究框架下,开展信息系统可用性问题对于用户主观情绪效价强度的影响研究具有重要意义,主要原因在于:可用性问题影响下的人机交互是典型的负性事件,因此,其诱发的用户情绪效价是负性的;但同时,效价强度不同的负性情绪对于用户的影响是不一样的,用户对于低强度负性情绪更容易通过监控机制进行有效地调节，而高强度的负性情绪则会显著影响信息系统操作绩效、决策质量等（Coon，2000；袁加锦，2009），例如，研究证实负性情绪效价强度会显著影响用户对于新异性事件处理中的注意及认知资源分配过程（Yuan et al，2008），而该效应明显地会影响到各类型信息系统应对突发事件的人因安全性及可靠性水平。

已有研究表明，在同一实验设计条件下，情绪刺激材料的负性越高，诱发的个体负性情绪效价强度越高（Yuan et al，2007）。同时，用户对于信息系统可用性问题负性程度的评估主要基于该可用性问题导致的操作绩效的降低程度、应对处理的难易程度以及导致后果的严重程度等（Khajouei et al，2011；Hassenzahl，2000）。而UPT框架下的不同类型信息系统可用性问题显然地会导致不同程度的信息系统可用性水平降低，即不同的信息系统可用性问题负性程度评估结论；类似地，信息系统可用性问题严重程度特征也会影响其负性程度评估结论。基于上述分析，本章提出如下假设：

H1：信息系统可用性问题类型对用户情绪效价影响显著。

H2：信息系统可用性问题严重度对用户情绪效价影响显著。

4.1.2 可用性问题对用户主观情绪唤起度的影响

情绪唤起度是指个体的情绪体验被激活、唤醒的程度（Barrett，1998；Mauss，Robinson，2009），从低唤起度（如平静的）到高唤起度（如兴奋的）处于不同的维度区间内，且可通过人体不同神经系统的电生理活动表征（Bradley et al，2008）。信息系统人机交互过程中，用户情绪唤起度会影响系统绩效，且该影响受到用户风格与任务需求间关系的调节（Matthews，2006）；情绪唤起度还会影响用户的学习效果以及对于情绪刺激材料/事件的记忆（Libkuman et al，2004），且大脑杏仁核结构被认为在其间扮演重要角色（Kensinger，2004；Cahill，Mcgaugh，1998）。同时，用户情绪唤起度也为信息系统人机交互提供了指示当前交互事件重要度、急迫度以及用户自身关联度的信息(Storbeck,Clore,2008),可作为信息系统可用性设计与优化的重要依据和参考。

情绪刺激材料/事件的新异性、复杂度、与用户自身关联度等均会影响信息系统人机交互中用户情绪唤起度(Martindale et al,1990)。对于信息系统可用性问题而言,UPT框架下的可用性问题类型不同,如系统控制输入标识设计缺陷与系统任务结构组织不合理两类可用性问题的新异性、应对处理的复杂度应是存在差异的;类似地,不同严重度水平的可用性问题,对于用户应对处理的复杂度、自身关联度也可能存在差异。基于上述分析,本章提出如下假设:

H3:信息系统可用性问题类型对用户情绪唤起度影响显著。

H4:信息系统可用性问题严重度对用户情绪唤起度影响显著。

4.1.3 可用性问题对用户主观情绪支配度的影响

用户情绪支配度,也称为优势度,是指人机交互过程中个体对于信息系统使用场景(如任务、环境、信息系统产品等)的影响或控制程度(Jerram et al,2014),分布于“脆弱的”至“支配的”区间内(Lively,Heise,2004),被认为是主观情绪的第三维度,对于情绪特征的描述和分析具有重要价值。例如,恐惧和愤怒同属于高唤起度、负性的情绪,二者的主要区别就在于支配度维度上的差异,恐惧情绪的用户体验支配度较低,相对地,愤怒则具有较高的体验支配度。同时,也正是基于支配度维度对于情绪体验区分的贡献,其能够为个体行为干预和管理提供线索(Demaree et al,2005),如以低支配度情绪为特征的内向化行为问题与以高支配度情绪为特征的外向化行为问题,两类行为问题的致因和有效干预间是显著差异的,而这对于信息系统人机交互过程的绩效改善与用户管理具有重要价值。

从情绪支配度的定义及特征分析出发可以发现,用户情绪支配度体验取决于个体对于信息系统使用场景的掌控程度,明显地,信息系统可用性问题会对该掌控程度产生影响。而 UPT 框架下的可用性问题类型不同,如任务维度的系统操作组织流程混乱与设计维度的指示图标意义模糊两类可用性问题,对于信息系统操作成功的影响广度和深度是不一样的,进而影响到用户对于该特定场景的控制体验;同样地,面对灾难性的可用性问题与轻微的可用性问题,信息系统用户对于场景的掌控程度也会存在差异。因此,基于上述分析,本章提出如下假设:

H5:信息系统可用性问题类型对用户情绪支配度影响显著。

H6:信息系统可用性问题严重度对用户情绪支配度影响显著。

综上所述,在用户主观情绪的维度取向视角下,本章建立如图 4-1 所示假设。本章后续研究在此基础上将通过可用性测试实验,分析信息系统(办公软件)可用性问题类型、严重度特征对用户主观情绪体验的影响。

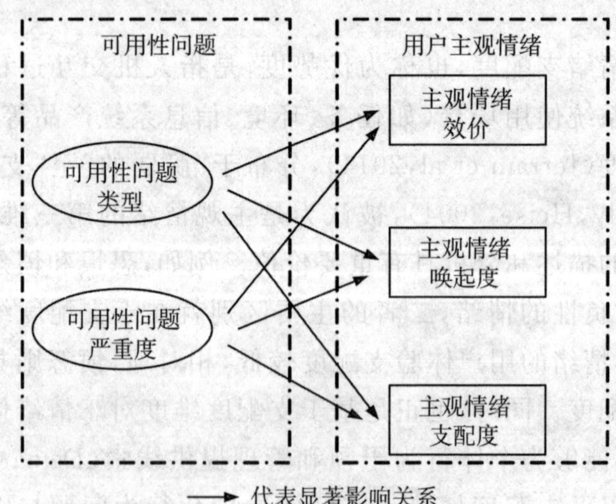

图 4-1　本章研究假设结构

4.2 研究方法

采用两因素混合实验设计，以 4 个办公软件为对象进行评估分析。为了控制人机交互过程中干扰变量对于用户情绪的影响，所有实验在同一室内环境条件下完成。

4.2.1 被试

58 名某军事工程大学学员（男性 43 名、女性 15 名，21～23 岁，均值 21.9 岁）作为实验被试。所有被试均具有较熟练的计算机应用技能和丰富的计算机使用经历。

4.2.2 实验材料

实验刺激材料为存在不同类型和严重度可用性问题的信息系统。实验材料的选取原则为：(1)面向研究目标和主题，实验材料应为信息系统，即信息系统的操作是由用户个体相对独立完成，且尤其强调的是其他相关人员的现场情绪应不易传染给当前用户，在实验设计条件下保证用户情绪应主要是由所选信息系统的操作及使用情境所诱发；(2)为了提高研究结论的效度，所选择的信息系统应具有典型性，即应是个人办公、社交等活动中被普遍使用的信息系统，同时，考虑到个人休闲娱乐信息系统（如网络游戏、手机游戏等）的应用目标是诱发用户兴奋、惊喜或刺激等的享乐型情绪体验，与研究背景和目标不相切合，因此所选刺激材料应是面向特定任务情境的非娱乐型信息系统；(3)为了便于可用性实验的组织与管理，实验材料应具有易获得性。

本研究中实验刺激材料的选择过程包括如下步骤：(1)由两位人因工程专家及两位工业工程专业学员，分别独立地列举出至少3个常用信息系统中的可用性问题,并提供可用性问题的情境及现象;(2)运用头脑风暴法,由上述4人对列出的可用性问题进行分析,评估其对应的信息系统是否满足实验材料选取原则,并放弃不满足任一原则的备选信息系统;(3)针对备选信息系统及可用性问题,由上述4人设计典型的信息系统操作使用场景,列出实验任务、操作步骤、预期完成时间、辅助配套设施等;(4)从刺激材料及任务的典型性、实验组织的难易度等两方面,由上述4人对备选实验刺激材料信息系统进行排序,选择前序4个信息系统并进行确认。

具体地,本实验中选择的信息系统及可用性问题见表4-1。

表4-1　信息系统及可用性问题

<table>
<tr><th>序号</th><th>系统</th><th>可用性问题</th><th>类型</th><th>严重度</th></tr>
<tr><td rowspan="2">1</td><td rowspan="2">文本处理软件</td><td>应用1:应用宏将文档2中所有图片格式统一</td><td rowspan="2">设计维度:FC(对象层级子类)
任务维度:NC</td><td rowspan="2">3.2±0.40</td></tr>
<tr><td>描述:该可用性问题与菜单结构有关,工具实际所处的菜单位置与用户预期之间存在差异。</td></tr>
<tr><td rowspan="2">2</td><td rowspan="2">PDF文件编辑软件</td><td>应用2:将文档1第9页标题“1.1页面抓取”改为“页面编辑”</td><td rowspan="2">设计维度:NC
任务维度:FC(功能自动化子类)</td><td rowspan="2">3.6±0.49</td></tr>
<tr><td>描述:该可用性问题与功能自动化有关,当修改后标题与原标题的格式不一致时,软件提示错误。但软件并不自动提示原标题格式,用户只能不断试错。</td></tr>
<tr><td rowspan="2">3</td><td rowspan="2">CAJ文件编辑软件</td><td>应用3:将文档1第8页的文本修改为Word格式</td><td rowspan="2">设计维度:FC(视觉线索子类)
任务维度:NC</td><td rowspan="2">1.2±0.40</td></tr>
<tr><td>描述:该可用性问题与图标设计和菜单结构相关,用户在工具栏很难确认该工具图标,而在菜单中也很难确认其位置。</td></tr>
</table>

续表

序号	系统	可用性问题	类型	严重度
4	数据恢复软件	应用 4：扫描 USB 盘内被删除的图片文件 描述：该可用性问题与系统工作流程相关，用户在执行扫描命令前不能选择待扫描文件类型，只能执行全类型文件扫描后选取其中的图片文件	设计维度：NC 任务维度：FC（交互子类）	1.4±0.49

5 位可用性专家依据 UPT 和 Nielsen 严重度评估量表对实验材料进行分类和评估，结果如表 4-1 所示。其中，应用 1 和应用 3 对应的可用性问题属于同一类型，即[设计维度：FC；任务维度：NC]问题，应用 2 和应用 4 对应的可用性问题则属于另一相同类型，即[设计维度：NC；任务维度：FC]问题。

4.2.3　实验设计

两因素混合实验设计中，可用性问题类型为组内自变量，包括[设计维度：FC；任务维度：NC]、[设计维度：NC；任务维度：FC] 可用性问题两个水平；严重度为组间自变量，包括低（主观评估均值≤2.0）、高（主观评估均值＞2.0）两个水平。

所有被试被随机分为两组，其中 A 组 29 人（男性 19 名，女性 10 名），B 组 29 人（男性 24 名，女性 5 名）。每名被试被要求完成两个任务，即 A 组中被试均要完成表 4-1 中所示应用 3 和 4，B 组中被试均要完成表 4-1 中所示应用 1 和 2。每名被试的实验程序如图 4-2 所示。

为了平衡潜在的学习效应（De Houwe et al，2001），同一组内相邻的被试执行的两个任务的呈现次序不同。

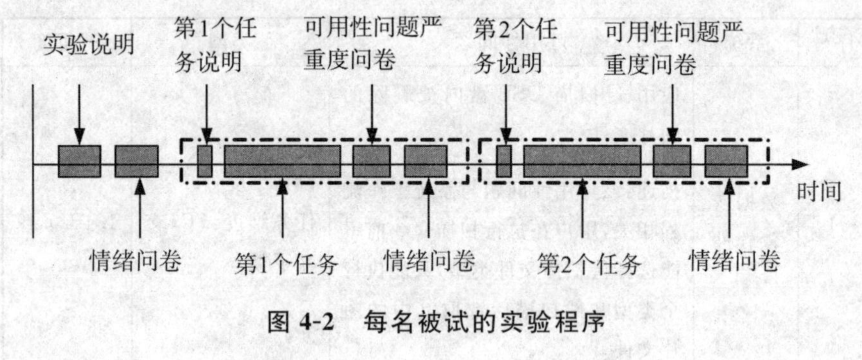

图 4-2　每名被试的实验程序

4.2.4　变量测量

用户情绪的测量采用 SAM(Self Assessment Manikin)9 分量表(Bradley,Lang,1994),分别测量情绪的 3 个维度:效价、唤起度和支配度(0 代表愉悦、高唤起度以及低支配度;8 代表不愉悦、低唤起度以及高支配度)。SAM 量表在人机交互领域应用广泛,其信度和效度得到相关研究验证(Pfister et al,2011;Cohen et al,2016)。

严重度测量采用 Nielsen 严重度评估 5 分量表,其中,0 代表其不构成可用性问题,4 代表灾难性的可用性问题。考虑到可用性问题分类的复杂性,直接采用表 1 中对于可用性问题类型的专家评估结果。

4.2.5　实验过程

每一被试各自完成实验过程。被试到达实验室后,实验人员向其告知实验目的及过程,并明确实验结果仅用于科学研究,并保护个人隐私,被试签署知情同意书。被试在计算机前就坐,保持平静状态,并完成用户情绪调查问卷,该结果作为用户情绪基线数据以评估是否存在异常情绪。

实验人员告知被试第 1 个实验任务内容。向其确认已明确知晓实验任务,被试被要求在 3 分钟内完成任务。在此过程中,如果任务持续时间超过 3 分钟，则实验人员认定其任务失败，并告知其放弃操作。任务完成后或者任务失败，被试依次完成 Nielsen 严重度评估量表和 SAM 量表。被试的第 2 个任务过程亦依据该进程进行。每一被试完成两个实验后，实验人员检查确认量表及问卷的完成情况，并示意被试实验结束。

4.3　实验结果

4.3.1　实验材料有效性及被试情绪基线分析

被试对于可用性问题严重度评估结果如表 4-2 所示。

表 4-2　被试对于可用性问题严重度评估结果

可用性问题	均值	标准差	等级
应用 1 可用性问题	3.17	0.66	高
应用 2 可用性问题	3.00	0.65	高
应用 3 可用性问题	1.17	0.71	低
应用 4 可用性问题	1.38	0.73	低

重复测量单因素方差分析表明，应用 1 可用性问题与应用 2 可用性问题严重度差异不显著（$F_{(1,28)}=1.331$，$P=0.258>0.05$），应用 3 可用性问题与应用 4 可用性问题严重度差异亦不显著（$F_{(1,28)}=1.299$，$P=0.264>0.05$）；单因素方差分析表明，应用 1 可用性问题与应用 3 可用性问题（同属于[设计维度：FC；任务维度：NC] 问题）严重度差异显著（$F_{(1,56)}=123.612$，$P=0.000<0.05$），应用 2 可用性问题与应用 4 可用性问题（同属于[设计维度：NC；任务维度：FC] 问题）严重度差异显著（$F_{(1,56)}=79.501$，$P=0.000<0.05$）。因此，实验材料是有效的。

数据表明，实验任务开始前被试平静状态的情绪基线均正常，即均满足效价＜6、唤起度＞2、1＜支配度＜7。

4.3.2 用户情绪效价

对应不同可用性问题，用户的负性情绪效价强度描述性统计结果如表 4-3 所示。

表 4-3 用户的情绪效价强度描述性统计结果

严重度	类型	
	设计维度 FC 问题	任务维度 FC 问题
低	2.07±1.31	3.72±0.92
高	4.55±1.38	5.21±1.29

2(类型)×2(严重度)重复测量方差分析结果表明，组内自变量，可用性问题类型的主效应显著，较之于[设计维度:FC;任务维度:NC] 可用性问题，[设计维度:NC;任务维度:FC] 可用性问题将导致显著的更不愉悦情绪效价。

$F_{(1,56)}=40.467$，$P=0.000<0.05$，Partial Eta-Squared＝0.419，Observed Power＝1.000

组间自变量，可用性问题严重度的主效应显著，较高的严重度将导致显著的更不愉悦情绪效价。

$F_{(1,56)}=54.090$，$P=0.000<0.05$，Partial Eta-Squared＝0.491，Observed Power＝1.000

可用性问题类型和严重度的交互效应显著。

$F_{(1,56)}=7.581$，$P=0.008<0.05$，Partial Eta-Squared＝0.119，Observed Power＝0.772

简单效应检验结果表明，可用性问题严重度水平为低时，问题类型对用户情绪效价强度影响的显著性指标为 $F_{(1,56)}=41.540$，$P=0.000<0.05$；当可用性问题严重度水平为高时，问题类型对于用户情绪效价强度影响的显著性指标为 $F_{(1,56)}=$

6.509，$P=0.013<0.05$。因此，相对于较高的问题严重度水平，严重度水平较低时，问题类型对于用户情绪效价强度影响的显著性更强。用户情绪效价强度的估测边际均值曲线如图 4-3 所示。

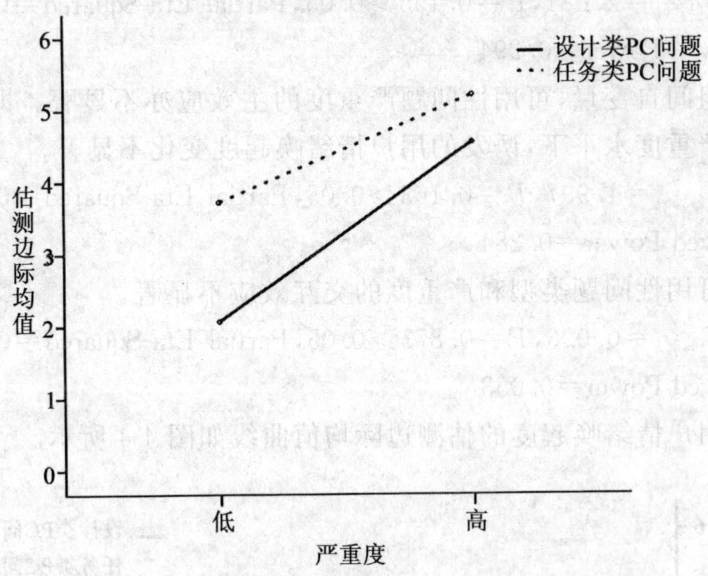

图 4-3　用户情绪效价强度的估测边际均值曲线

4.3.3　用户情绪唤起度

对应不同可用性问题，用户的情绪唤起度描述性统计结果如表 4-4 所示。

表 4-4　用户的情绪唤起度描述性统计结果

严重度	类型	
	设计维度 FC 问题	任务维度 FC 问题
低	4.28±0.96	4.13±0.88
高	4.69±1.31	4.52±1.35

2(类型)×2(严重度)重复测量方差分析结果表明,组内自变量,可用性问题类型的主效应不显著。即在[设计维度:FC;任务维度:NC]、[设计维度:NC;任务维度:FC]不同的类型水平下,诱发的用户情绪唤起度变化不显著。

$F_{(1,56)}=2.081$,$P=0.155>0.05$,Partial Eta-Squared=0.036,Observed Power=0.294

组间自变量,可用性问题严重度的主效应亦不显著。即在不同的严重度水平下,诱发的用户情绪唤起度变化不显著。

$F_{(1,56)}=1.997$,$P=0.163>0.05$,Partial Eta-Squared=0.034,Observed Power=0.284

可用性问题类型和严重度的交互效应不显著。

$F_{(1,56)}=0.026$,$P=0.873>0.05$,Partial Eta-Squared=0.000,Observed Power=0.053

用户情绪唤起度的估测边际均值曲线如图 4-4 所示。

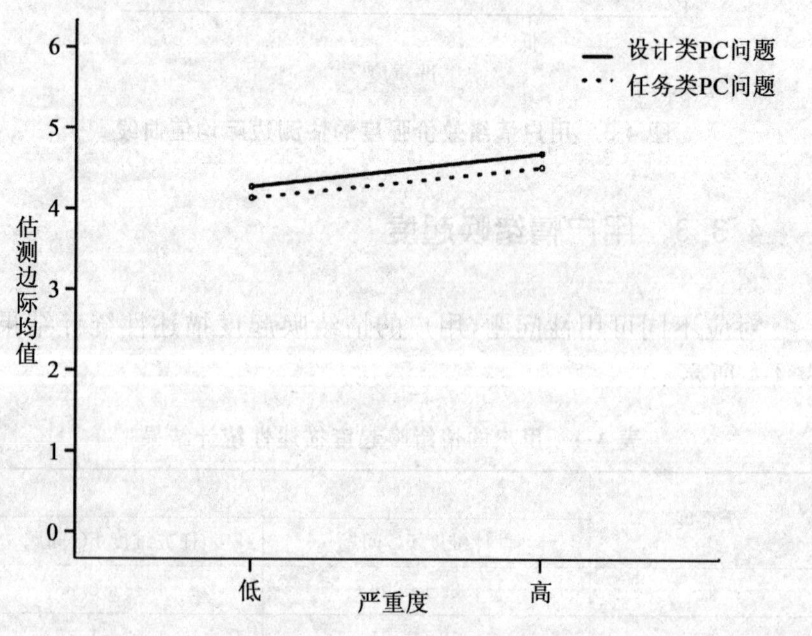

图 4-4　用户情绪唤起度的估测边际均值曲线

4.3.4 用户情绪支配度

对应不同可用性问题，用户的情绪支配度描述性统计结果如表 4-5 所示。

表 4-5　用户的情绪支配度描述性统计结果

严重度	类型	
	设计维度 FC 问题	任务维度 FC 问题
低	6.07±1.16	4.62±0.98
高	3.10±1.40	2.10±1.47

2(类型)×2(严重度)重复测量方差分析结果表明，组内自变量，可用性问题类型的主效应显著，较之于[设计维度:FC;任务维度:NC] 可用性问题，[设计维度:NC;任务维度:FC]可用性问题将导致显著低的情绪支配度。

$F_{(1,56)}=48.108$，$P=0.000<0.05$，Partial Eta-Squared＝0.462，Observed Power＝1.000

组间自变量，可用性问题严重度的主效应显著，较高的严重度将导致显著低的情绪支配度。

$F_{(1,56)}=94.257$，$P=0.000<0.05$，Partial Eta-Squared＝0.627，Observed Power＝1.000

可用性问题类型和严重度的交互效应不显著。

$F_{(1,56)}=1.613$，$P=0.209>0.05$，Partial Eta-Squared＝0.028，Observed Power＝0.239

用户情绪支配度的估测边际均值曲线如图 4-5 所示。

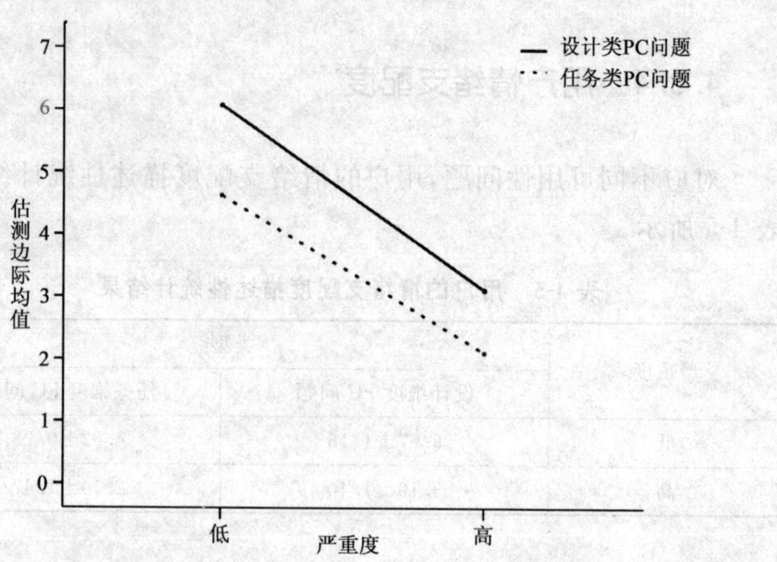

图 4-5 用户情绪支配度的估测边际均值曲线

4.4 结果讨论

结果显示信息系统可用性问题类型及严重度会影响用户情绪，研究假设检验结果如表 4-6 所示。具体来讲，[设计维度：NC；任务维度：FC] 问题、较高的严重度水平会导致显著的更不愉悦情绪效价及低的支配度；同时严重度水平较低时，问题类型对于用户情绪效价影响的显著性更强。

表 4-6 研究假设检验结果

假设	主效应	交互效应
H1：信息系统可用性问题类型对用户情绪效价影响显著	显著	显著
H2：信息系统可用性问题严重度对用户情绪效价影响显著	显著	
H3：信息系统可用性问题类型对用户情绪唤起度影响显著	不显著	不显著
H4：信息系统可用性问题严重度对用户情绪唤起度影响显著	不显著	
H5：信息系统可用性问题类型对用户情绪支配度影响显著	显著	不显著
H6：信息系统可用性问题严重度对用户情绪支配度影响显著	显著	

依据Bradley和Lang(1994)的研究，主观情绪效价反映了人机交互过程用户的参与倾向，不愉悦(负性)情绪表明用户倾向于放弃或者终止当前任务，因此本章研究结果说明，当遇到信息系统[设计维度：NC；任务维度：FC]可用性问题及较高严重度水平的可用性问题时，用户放弃或者终止信息系统任务的倾向将更明显；类型与严重度之间的交互效应则说明当严重度水平较低时，不同可用性问题类型导致的用户放弃或终止任务倾向的差异将更显著。而在信息系统实践中，尤其是任务关键型信息系统(如企业管理层信息系统、军事领域指挥信息系统等)使用过程中，系统操作任务的放弃或终止倾向是不可接受的，在这样的情形下，针对性的用户情绪干预显得尤为必要。

情绪支配度与用户对于当前信息系统任务的掌控水平相关，因此，研究结论也表明，信息系统[设计维度：NC；任务维度：FC]可用性问题及较高严重度水平的可用性问题将导致用户对于当前任务掌控水平的显著降低。而较低的用户情绪支配度体验，将导致以焦虑、沮丧等情绪为特征的内向化行为问题(Demaree et al, 2005)，进而对信息系统操作绩效、系统人因安全性水平产生消极影响，也是在个人信息系统人机交互管理中应给予关注的重点问题。

同时，主观情绪唤起度直接反映了刺激材料(本章中为面向个人应用办公信息系统可用性问题)的强度。因此，研究结论表明，问题类型及严重度并不能显著影响信息系统可用性问题的强度，这可从被试特征角度进行解释，由于被试均具有丰富的计算机使用及故障处理经历和技能，本章实验中情绪刺激材料/事件的新异性、复杂度显著降低，当其遇到可用性问题时，能够以较为冷静的态度去处理和应对，表现出平静的主观情绪体验。

4.5　本章小结

用户情绪研究是人机交互领域的重要主题，已有研究表明，可用性问题会影响用户的主观情绪，典型地如负性情绪的发生。

本章在情境可用性的视角下，从可用性问题类型、严重度水平角度讨论信息系统可用性问题与用户主观情绪效价、唤起度以及支配度之间的关系，是对已有研究的拓展和丰富。研究结果表明，可用性问题类型及严重度会影响用户的主观情绪，[设计维度：NC；任务维度：FC]、高严重度水平的可用性问题将导致用户高负性、低支配度的主观情绪；且当可用性问题严重度水平较低时，可用性问题类型对于用户情绪效价的影响更显著。

由于用户主观情绪不同维度的特征变化会对个体行为产生不同的影响结果，结合本章研究结果讨论，认为在信息系统可用性测试与优化工程实践中，应赋予[设计维度：NC；任务维度：FC]、高严重度水平的可用性问题更高的权重，优先进行原因诊断及问题消除处理，尽量降低负性情绪发生可能导致的用户放弃、终止信息系统使用等倾向，提高信息系统的人因可靠性和人机适配度。

第5章　信息系统可用性问题对用户主观离散情绪的影响

从工程实践角度看，信息系统用户情绪的管理和干预、产品情感化设计中首先需明确情绪（尤其是负性情绪）的类别，并分析特定类别情绪的强度特征，为情绪管理手段和方法决策提供依据。从理论研究角度看，如前所述，综合已报道相关研究可以发现，在信息系统可用性与用户情绪关系的研究中还存在如下问题：(1)现有研究对于系统可用性问题类型、严重度特征的关注还不够；(2)相关研究中从情绪维度取向视角下开展的研究较多，即建立在情绪是连续的、可从不同维度对其进行测量的假设基础之上，但信息系统可用性问题诱发的具体用户情绪还不明确，限制了其在人机关系优化，尤其是用户情绪管理中的应用。

在这样的背景下，本章从用户主观情绪的分类取向视角出发，以情绪是离散的、独立的假设为基础，分析人机交互过程中信息系统可用性问题对于用户负性情绪的影响，发现可用性问题类型及严重度影响下的用户负性情绪变化特点和规律，以期为信息系统可用性优化设计、用户情绪管理及干预提供依据和支撑。同时，考虑到可用性问题对于信息系统人机交互过程的影响是消极的，本节将主要研究用户的负性情绪。

5.1　研究假设

分类取向视角下的用户主观情绪被认为是由离散、独立的不同类别情绪构成的，特定类别的情绪则具有强度、持续性等特征。

考虑到信息系统用户情绪管理、产品情感化设计中主要关注用户的即时性情绪体验的深度，且持续性也是通过不同时间节点情绪体验强度变化而进行描述和分析的，本章研究中将主要分析信息系统可用性问题对用户情绪类别及体验强度的影响。

5.1.1 信息系统可用性问题类型与用户主观情绪

依据可用性问题分类 UPT 框架，信息系统可用性问题可从设计和任务两个维度对其进行分析，特定可用性问题在每个维度上的取值集合为

(完全类 FC，部分类 PC，完全非类 NC)

其中，FC 表明可用性问题明确清晰地属于该维度最底层的某一子类别；PC 表明可用性问题属于该维度最顶层或者中间层的类别，取该值的可能原因包括问题描述不明确、可用性问题信息模糊等；NC 则表明可用性问题完全不属于该维度任何类别，或者完全没有该维度相关的任何信息。因此，对于特定的信息系统可用性问题而言，其类型值包含两个元素，分别表明在设计和任务两个维度上该问题的取值。UPT 框架设计维度关注的是信息系统用户界面单个对象（如按钮、文字及标签等）特征导致的交互困难，而任务维度关注的则是信息系统任务组织（如任务流程拓扑结构、任务辅助支持等）特征导致的绩效及满意度降低，因此，分布于 UPT 设计—任务维度空间的不同可用性问题对于人机交互过程造成的障碍从原因、过程、结果等方面均存在差异。

依据情绪系统模型（Roseman，1996；Roseman，Evdokas，2004；Roseman，2013），对事件的评价是用户情绪诱发的基础，对事件突发性、情境状态、动机状态、可能性、可控性、问题源及代理的评价决定了诱发情绪的不同类别；同时，该过程存在着个体差异（Fisher et al，2013），且受到元认知对于评价过程的信念影响（Tong et al，2014）。而在 UPT 框架下可以发现，用户对于不同

类型信息系统可用性问题导致事件特征的评价是必然存在差异的，比如，对于[设计维度：FC；任务维度：NC]与[设计维度：NC；任务维度：FC]两种类型的可用性问题，用户对于事件可能性（后果的不确定性）评价是不一样的，即系统用户界面单个对象设计缺陷（如语义含糊、对象呈现位置不当等）造成的人机交互困难是即时、明确的，相对地用户对于系统任务组织缺陷（如流程拓扑结构不合理等）导致后果的评估则依赖于后续的操作，具有时延性、不确定性。基于以上分析，本章作如下的研究假设：

H1：信息系统可用性问题类型对用户情绪类别影响显著。

本章研究中情绪强度（Emotion Strength）是指个体情绪体验的深度/幅度，通过对特定类别情绪的评级进行测量。需要指出的是，相关研究中情绪强度（Emotion Intensity）概念，除情绪体验的深度/幅度之外，被认为还涉及了情绪体验持续性等（Sonnemans，Frijda，1994；Sonnemans，Frijda，1995），本章研究采用狭义的情绪强度概念。研究表明，情绪强度受到事件关注度、相关变量（如事件的感知真实度）评价、基于后果预期的行为控制、个体反应倾向等影响，尤其是评价的影响效应被发现具有跨个体间的一致性（Siemer et al，2007）。UPT 框架下，用户对于不同类型信息系统可用性问题导致事件的关注度、相关变量评价、基于后果预期的行为控制、个体反应倾向等也是不同的，例如，在信息系统可用性问题类型的不同水平下，交互事件关注度，即重要性感知必然是存在差异的。基于以上分析，作如下的研究假设：

H2：信息系统可用性问题类型对用户情绪强度影响显著。

5.1.2 信息系统可用性问题严重度与用户主观情绪

严重度水平也是信息系统可用性问题评价的重要指标，是衡量可用性问题优先级、可用性工程资源分配决策的主要参考依据。被广泛使用的测量工具为 Nielsen 严重度评估量表（该量表为 5 分李克特式评级，0 代表其不构成可用性问题，4 代表灾难性的可用性问题）（Nielse，2017），其信度和效度在研究中被检验和验证。该量表以信息系统可用性问题发生频率、后果及持续性为基础，因此，信息系统可用性问题的不同严重度水平评级本身就体现了用户对于相应的人机交互事件的评价以及关注度、相关变量评价、基于后果预期的行为控制、个体反应倾向等。基于此，作如下的研究假设：

H3：信息系统可用性问题严重度对用户情绪类别影响显著。

H4：信息系统可用性问题严重度对用户情绪强度影响显著。

综上所述，在用户主观情绪的分类取向视角下，本章建立如图 5-1 所示假设。本章后续研究将从情绪的分类取向视角，开发面向中国人群的用户负性情绪形容词检测量表，通过可用性测试实验，分析信息系统（办公软件）可用性问题类型、严重度特征对用户主观情绪体验的影响。

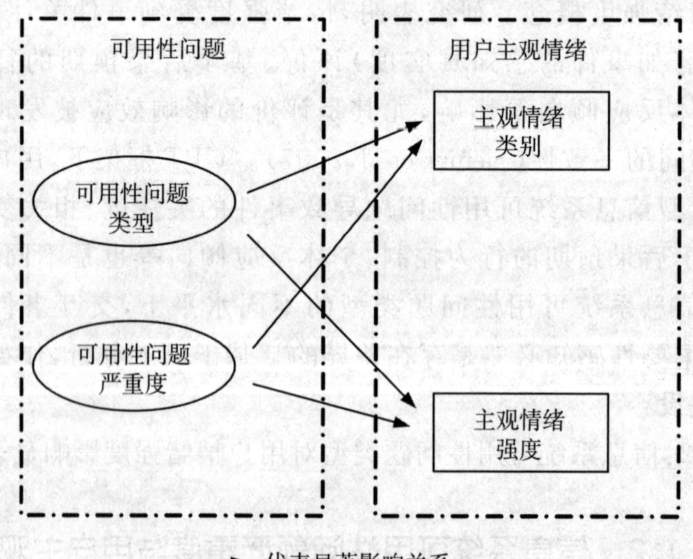

图 5-1　本章研究假设结构

5.2　负性情绪形容词检测量表的开发

5.2.1　用户负性情绪形容词集合

情绪形容词检测量表是分类取向视角下情绪的心理测量工具,其开发是信息系统可用性问题与用户负性情绪关系研究的重要环节。本研究采集的负性情绪形容词见表 5-1 所示,考虑到文化差异对于情感体验的影响,情绪形容词的采集以中文文献为主,并参考人机交互领域的最新研究成果。其中,第 1 组词来源于中文情绪形容词检测表,经探索性因素分析获得烦躁、痛苦与悲哀、愤恨 3 个维度的负性情绪形容词,且其信度和效度在中国人群得到验证;第 2 组词来源于面向中国人群的积极情感-消极情感量表中文修订版的最初版本,建立在情感环丛模型相关量表的综述基础之上;第 3 组词来源于人际之间与人机之间交互的情绪差异比较研究,以人机交互过程用户情绪研究情境为背景,由 2 位英语专业研究生和 2 位人因工程专业研究生经分别翻译、共同讨论而得到。同时,表 5-1 中获得的负性情绪形容词在相关研究中已经依据规则进行甄选,具体地,钟杰和钱铭怡(2005)的研究中由专家依据指导语对词是否为情绪形容词进行判定;邱林等(2008)的研究中则经过应用频率调查、专家评估两个步骤评估情绪形容词的有效性;Walter 等(2014)的研究则由专家依据 8 条准则判定词是否为情绪形容词。

表 5-1　负性情绪形容词表

序号	开发者及时间	情绪形容词
1	钟杰,钱铭怡(2005)	烦躁的、愁闷的、抑郁的、烦闷的、郁闷的、憋闷的、气馁的、失望的、不安的、哀伤的、心痛的、悲哀的、痛苦的、忧伤的、内疚的、遗憾的、愤怒的、憎恶的、气愤的、怨恨的、愤恨的、暴怒的、仇恨的、生气的

续表

序号	开发者及时间	情绪形容词
2	邱林等(2008)	害怕的、惊恐的、紧张的、易怒的、敌意的、内疚的、羞愧的、难过的、苦恼的、畏惧的、轻蔑的、愤怒的、失意的、恼怒的、焦虑的、战战兢兢的
3	Walter S et al. (2014)	恼火的、激怒的、愤怒的、不快的、易怒的、沮丧的、暴怒的、紧张的、不耐烦的、不满的

依据表 5-1，得到该主题相关的用户负性情绪形容词 44 个，即：烦躁的、愁闷的、抑郁的、烦闷的、郁闷的、憋闷的、气馁的、失望的、不安的、哀伤的、心痛的、悲哀的、痛苦的、忧伤的、内疚的、遗憾的、愤怒的、憎恶的、气愤的、怨恨的、愤恨的、暴怒的、仇恨的、生气的、害怕的、惊恐的、紧张的、易怒的、敌意的、羞愧的、难过的、苦恼的、畏惧的、轻蔑的、失意的、恼怒的、焦虑的、战战兢兢的、恼火的、激怒的、不快的、沮丧的、不耐烦的、不满的。

5.2.2 用户负性情绪检测量表

由 3 位人因工程领域专家对 44 个负性情绪形容词的差异度进行 5 分量表评级(其中，1 代表非常不同意，5 代表非常同意)，考虑到不同专家在判断标准方面可能存在的不一致性，对数据进行个体差异的多维尺度分析，模型拟合优度 Stress 指标为 0.056 80，D. A. F. 指标为 0.969 32，模型拟合效果满意。基于得到的每个负性情绪形容词的二维坐标进行空间分布可视化(图 5-2)，可以发现，不同形容词间分布相对较均衡，说明得到的 44 个用户负性情绪形容词存在较好的可区分度。

基于上述分析，本研究设计了分类取向视角下的用户负性情绪检测量表，该量表包含 44 个情绪检测项目，单一项目问题形式诸如“我现在是烦躁的”，采用 5 分李克特式评级(其中，0 代表完全不同意，1 代表有点同意，2 代表中等，3 代表相当同意，4 代表完全同意）。

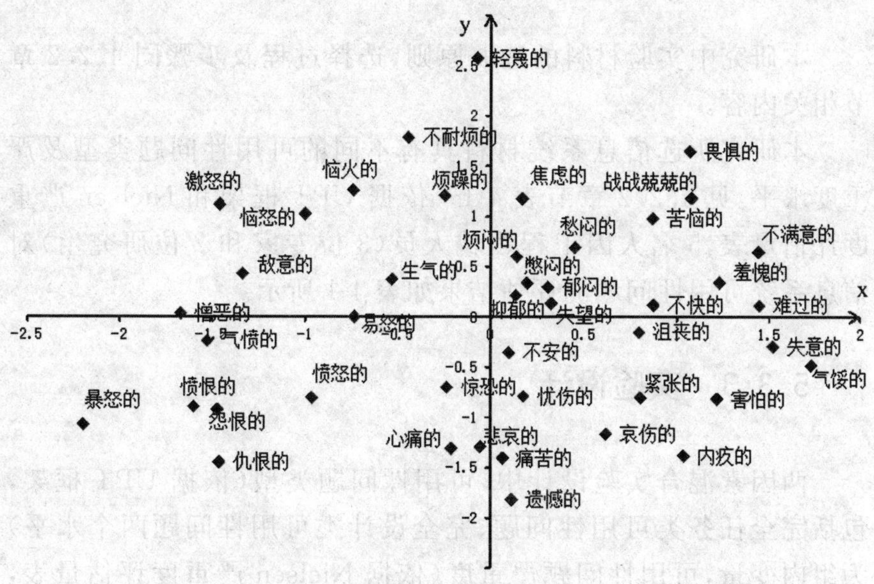

图 5-2　基于词间差异度的负性情绪形容词空间分布

5.3　研究方法

本研究采用了两因素混合实验设计，以 4 个办公软件为对象进行评估分析。所以实验在同一室内环境条件下完成。

5.3.1　被试

选取 47 名某军事工程大学四年级本科生作为被试，其中男性 25 名，女性 22 名。所有被试均具有熟练的计算机操作和应用技能。

不同性别被试被随机分为 A、B 两组，其中 A 组 23 人（男性 12 人，女性 11 人，22.3±1.70 岁），B 组 24 人（男性 13 人，女性 11 人，21.8±1.50 岁）。

5.3.2 实验材料

本研究中实验材料的选取原则、选择过程及步骤同 4.2.2 章节相关内容。

本研究所选信息系统材料具有不同的可用性问题类型及严重度水平，见 4.2.2 章节表 4-1。依据 UPT 框架和 Nielsen 严重度评估量表，5 名人因工程领域人员（3 位专家和 2 位研究生）对信息系统可用性问题的评估结果如表 4-1 所示。

5.3.3 实验设计

两因素混合实验设计中，可用性问题类型（依据 UPT 框架，包括完全任务类可用性问题、完全设计类可用性问题两个水平）为组内变量，可用性问题严重度（依据 Nielsen 严重度评估量表，包括主观评估均值≤2.0 为低严重度、主观评估均值＞2.0 为高严重度两个水平）为组间变量，用户对于负性情绪形容词的评级为因变量。

5.3.4 变量测量

采用 Nielsen 严重度评估量表测量被试对于信息系统可用性问题严重度的主观评级；对于用户情绪的测量则采用本研究提出的用户负性情绪检测量表。

由于信息系统可用性问题类型评估的复杂性和专业性，在实验设计及数据分析中直接引用表 4-1 中可用性问题类型的专家评估结果。

5.3.5 实验过程

每名被试需要完成两项实验任务，A 组被试的实验任务是利用文本处理软件系统的宏工具统一文档2中所有图片的尺寸、利用PDF编辑软件修改文档1中的标题并保持格式统一;B组被试的实验任务是利用CAJ文件编辑软件转换文档1中的文本格式为doc格式、利用数据恢复软件对USB存储器内被删除的图片进行扫描。

每名被试参与实验的具体过程如下:被试在实验人员引导下各自进入实验室,填写个人信息问卷;实验人员向被试简要说明实验目的和过程,并明确实验结果仅用于科学研究,并保护个人隐私;被试填写知情同意书,实验人员确认被试处于平静的情绪状态,并开始实验;实验人员首先向被试说明第1个任务内容,被试明确后要求在3分钟内完成该任务,如果超出预定时间则终止任务操作;被试依次填写信息系统可用性问题严重度评估量表、用户负性情绪检测调查问卷;被试休息3分钟,实验人员检查问卷完成情况;与第1个任务类似,被试完成第2个任务并依次填写评估量表、调查问卷;实验人员检查确认量表及问卷的完成情况,并示意被试实验结束。

为了平衡潜在的学习效应(Houwer et al,2001),同一组内相邻的两个被试任务1和任务2的呈现次序不同。

5.4　实验结果与讨论

5.4.1　信息系统可用性问题严重度主观评估

依据Nielsen严重度评估量表,被试对于信息系统可用性问题严重度主观评估结果见表5-2所示。

表 5-2 信息系统可用性问题严重度主观评估结果

序号	对应信息系统	可用性问题严重度均值及标准差	严重度等级
1	文本处理软件系统	3.17±0.65	高
2	PDF 编辑软件	3.00±0.67	高
3	CAJ 文件编辑软件	1.21±0.72	低
4	数据恢复软件	1.37±0.71	低

同时,重复测量单因素方差分析表明,文本处理软件系统与 PDF 编辑软件存在可用性问题严重度水平差异不显著($F_{(1,22)}=1.000$, $P=0.328>0.05$),CAJ 文件编辑软件与数据恢复软件存在可用性问题严重度水平差异亦不显著($F_{(1,23)}=0.719$, $P=0.405>0.05$);单因素方差分析表明,同为完全设计类可用性问题,但文本处理软件系统与 CAJ 文件编辑软件存在可用性问题严重度水平差异显著($F_{(1,45)}=96.032$, $P=0.000<0.05$),同为完全任务类可用性问题,但 PDF 编辑软件与数据恢复软件存在可用性问题严重度水平差异亦显著($F_{(1,45)}=64.536$, $P=0.000<0.05$)。因此,本研究实验刺激材料信息系统是有效的。

5.4.2 可用性问题对用户负性情绪类别的影响

1. 用户负性情绪的描述性统计分析

对 47 名被试的负性情绪主观评级求均值(代表了特定类别情绪体验强度),不同的信息系统可用性问题条件下,用户负性情绪检测结果如图 5-3 所示。以 Mean≥2.0 为标准,信息系统可用性问题导致的用户主要负性情绪包括:烦躁的、愁闷的、抑郁的、烦闷的、郁闷的、气馁的、失望的、忧伤的、愤怒的、憎恶的、气愤的、生气的、易怒的、难过的、轻蔑的、恼怒的、焦虑的、恼火的、激怒的、不快的、沮丧的、不耐烦的、不满意的。

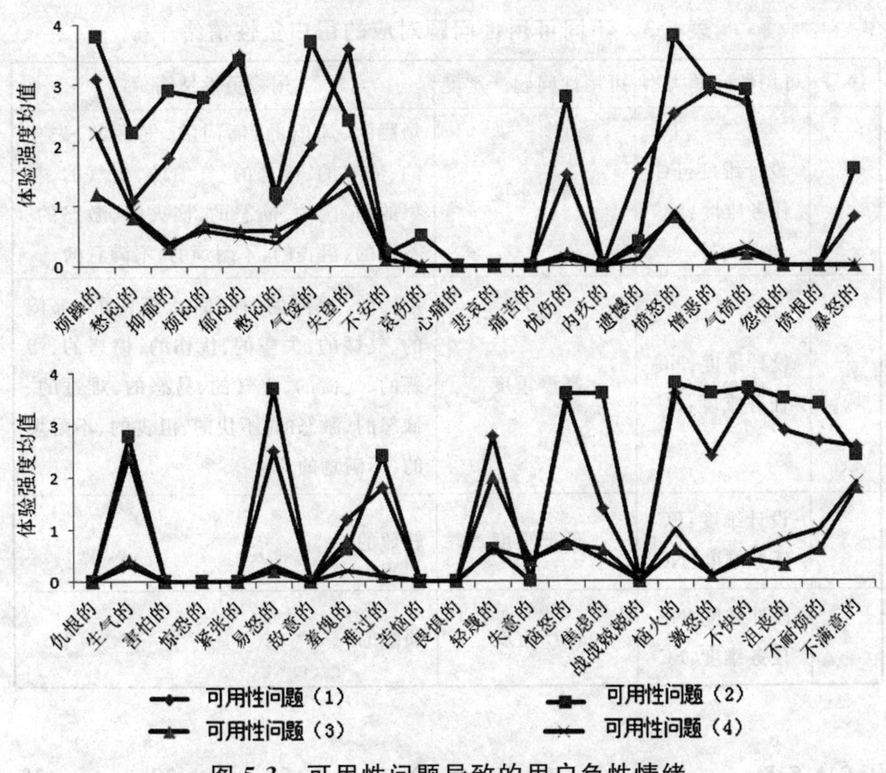

图 5-3　可用性问题导致的用户负性情绪

不同类型、严重度水平信息系统可用性问题诱发的用户主要负性情绪（以 Mean≥2.0 为标准）存在着差异（如表 5-3 所示）。可以发现，问题类型一致的情况下，相对于低严重度水平，高严重度水平的信息系统可用性问题诱发的用户负性情绪类别更为多样；可用性问题类型对于用户情绪类别也存在影响，例如，同样属于高严重度水平，“愁闷的”为可用性问题（2）诱发的主要情绪类别，但其在可用性问题（1）诱发的情绪中体验强度则较弱；又如，同样属于低严重度水平，可用性问题（3）、（4）诱发的主要负性情绪类别也不一致。

2. 用户负性情绪的聚类分析

依据多维尺度分析得到的负性情绪形容词二维坐标，应用组间平均链接法，对信息系统可用性问题诱发用户主要负性情绪进行聚类分析，聚类过程谱系如图 5-4 所示。

表 5-3　不同可用性问题对应的用户负性情绪

序号	可用性问题类型	可用性问题严重度	用户负性情绪
1	设计维度:FC 任务维度:NC	高严重度	烦躁的、烦闷的、郁闷的、气馁的、失望的、愤怒的、憎恶的、气愤的、生气的、易怒的、轻蔑的、恼怒的、恼火的、激怒的、不快的、沮丧的、不耐烦的、不满意的
2	设计维度:NC 任务维度:FC	高严重度	烦躁的、愁闷的、抑郁的、烦闷的、郁闷的、气馁的、失望的、忧伤的、愤怒的、憎恶的、气愤的、生气的、易怒的、难过的、恼怒的、激怒的、不快的、沮丧的、不耐烦的、不满意的
3	设计维度:FC 任务维度:NC	低严重度	轻蔑的
4	设计维度:NC 任务维度:FC	低严重度	烦躁的

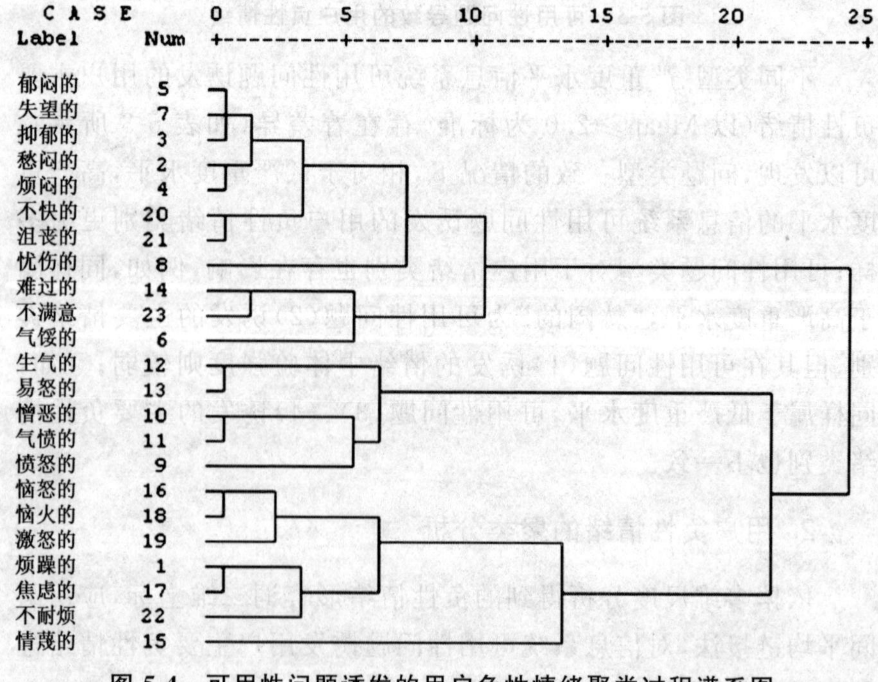

图 5-4　可用性问题诱发的用户负性情绪聚类过程谱系图

以负性情绪聚类过程谱系为基础,结合左衍涛(1997)、钟杰(2005)对中国人群情绪维度的研究,将用户负性情绪分为3个因素,即烦躁、愤怒、抑郁与不快,如图5-5所示。其中,烦躁情绪因素包括不耐烦的、激怒的、恼怒的、恼火的、烦躁的、焦虑的、轻蔑的;愤怒情绪因素包括憎恶的、气愤的、愤怒的、易怒的、生气的;抑郁与不快情绪因素包括烦闷的、愁闷的、抑郁的、郁闷的、失望的、不快的、沮丧的、不满意的、难过的、忧伤的、气馁的。

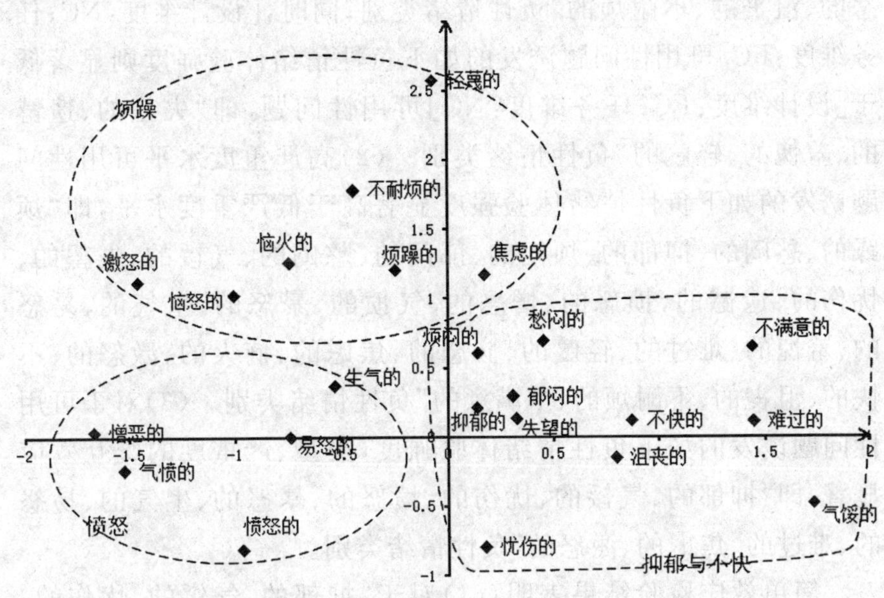

图5-5　可用性问题诱发的用户负性情绪聚类结果

5.4.3　可用性问题对用户负性情绪强度的影响

对每一类别的用户负性情绪主观评级,进行2(类型)×2(严重度)重复测量方差分析。以"烦躁的"负性情绪为例,表明可用性问题类型($F_{(1,45)}=83.631$, $P=0.000$)、严重度($F_{(1,45)}=65.880$, $P=0.000$)对于该情绪主观评级的影响极显著:[设计维度:NC;任务维度:FC]可用性问题诱发的"烦躁的"负性情绪体验强度显著高于[设计维度:FC;任务维度:NC]可用性问题;高严重度水平可用性问题诱发的“烦躁的”负性情绪体验强度显著高于低严重度水平。同时，类型、严重度的交互效应不显著($F_{(1,45)}=0.001$, $P=0.977$)。

综合重复测量方差分析结果表明:(1)[设计维度:NC;任务维度:FC]可用性问题诱发的如下负性情绪体验强度显著高于[设计维度:FC;任务维度:NC]可用性问题，即“烦躁的、愁闷的、抑郁的、忧伤的、愤怒的、暴怒的、生气的、易怒的、难过的、焦虑的、激怒的、沮丧的、不耐烦的”负性情绪类别;同时，[设计维度:NC;任务维度:FC]可用性问题诱发的如下负性情绪体验强度则显著低于[设计维度:FC;任务维度:NC]可用性问题，即“失望的、遗憾的、羞愧的、轻蔑的”负性情绪类别。(2)高严重度水平可用性问题诱发的如下负性情绪体验强度显著高于低严重度水平，即“烦躁的、愁闷的、抑郁的、烦闷的、郁闷的、憋闷的、气馁的、失望的、忧伤的、遗憾的、愤怒的、憎恶的、气愤的、暴怒的、生气的、易怒的、羞愧的、难过的、轻蔑的、恼怒的、焦虑的、恼火的、激怒的、不快的、沮丧的、不耐烦的、不满意的”负性情绪类别。(3)对于可用性问题诱发的如下负性情绪体验强度，类型、严重度的交互效应显著，即“抑郁的、气馁的、忧伤的、愤怒的、暴怒的、生气的、易怒的、难过的、焦虑的、激怒的”负性情绪类别。

简单效应检验结果表明:(1)对于“抑郁的、气馁的、忧伤的、愤怒的、暴怒的、生气的、易怒的、难过的、激怒的”负性情绪类别，当严重度水平为高时，[设计维度:NC;任务维度:FC]可用性问题诱发的情绪强度显著高于[设计维度:FC;任务维度:NC]可用性问题;但严重度水平为低时，两类可用性问题诱发的情绪体验强度无显著差异。(2)对于“焦虑的”负性情绪，当严重度水平为高时，[设计维度:NC;任务维度:FC]可用性问题诱发的情绪体验强度显著高于[设计维度:FC;任务维度:NC]可用性问题;但严重度水平为低时，[设计维度:NC;任务维度:FC]可用性问题诱发的情绪体验强度则显著低于[设计维度:FC;任务维度:NC]可用性问题。

5.4.4 结果讨论

针对信息系统开展的可用性实验及分析结果表明，可用性问题会诱发用户负性情绪的发生，且主要涉及烦躁、愤怒、抑郁与不快 3 个负性情绪因素；同时，研究结果也表明，不同类型、不同严重度水平的信息系统可用性问题导致的用户负性情绪类别、体验强度也存在着差异，研究假设 H1、H2、H3、H4 分别得到证实。

(1)研究发现信息系统可用性问题诱发的用户负性情绪涉及烦躁、愤怒、抑郁与不快 3 个因素。其中，抑郁与不快体现了左衍涛和王登峰(1997)的研究中提到的中国人群负性情绪中“精神低落”方面的内容；而烦躁、愤怒因素则与钟杰和钱铭怡(2005)的研究中基于因子分析得到的负性情绪烦躁、愤恨因素一致，但并没有出现负性情绪因素痛苦与悲哀。其主要的可能原因为痛苦与悲哀的情绪因素与个体的自我否定高度相关，而实验中可用性问题显然并没有导致用户认知上的自我否定结果。

(2)研究表明，低严重度水平的可用性问题诱发的主要负性情绪仅涉及“轻蔑的、烦躁的”，且情绪强度均值并不高。其中的主要原因可能涉及被试群体的计算机操作技能及使用经历，尤其是信息系统故障处理及恢复的经验，提升了其对于信息系统可用性问题处理的能力和自信。结合事后访谈可以发现，当面临实验中出现的低严重度可用性问题时，被试能够以较为平静的心态去应付和处理，一定程度上缓解了负性情绪的发生和加重。这可以通过用户自我效能理论加以解释，即用户在特定信息系统人机交互情境下对于自我效能的评估，会显著影响用户情绪体验(Bessiere et al，2006)。当可用性问题严重度水平较低时，被试对于自我能力、后果预期的评价相对正面，进而导致负性情绪处于较低的程度。相对地，如表 5-3 所示，高严重度水平可用性问题诱发的用户负性情绪类别要更多样，且情绪强度均值要相对更高。

(3)信息系统可用性问题类型会显著影响用户负性情绪的类别及情绪强度。同时,对于特定的情绪类别,信息系统可用性问题类型与严重度水平对于诱发的情绪强度的影响存在着交互效应。该结果与人机交互过程中用户认知评价有关,也与相关研究的结论一致,例如,研究表明,信息系统信息组织结构会影响用户认知负荷,进而影响到决策过程情绪满意度(李嘉,等,2015)。相似地,结合事后访谈发现,本研究中被试面对不同类型的信息系统可用性问题,用户认知负荷的主观感受和评估存在着差异,总体认为处理[设计维度:NC;任务维度:FC]可用性问题时的认知负荷要更高,直接影响用户负性情绪类别和情绪强度的显著性差异。该结论也与情绪系统模型等现有研究结果相一致。

5.5 本章小结

已有研究表明,信息系统人机交互过程中系统特征和事件会影响到用户情绪,且可用性问题会诱发用户负性情绪。但从离散情绪论视角下,分析不同类型、严重度水平信息系统可用性问题对于用户负性情绪的影响研究则比较少。本章在文献综述基础上,设计了两因素混合实验,讨论在不同类型、严重度水平下信息系统可用性问题与用户负性情绪的关系,研究发现信息系统可用性问题诱发的用户负性情绪主要涉及烦躁、愤怒、抑郁与不快3个因素,且不同类型、严重度水平的信息系统可用性问题诱发的用户负性情绪类别、强度存在着差异。

本章研究成果是对现有的信息系统可用性与用户情绪关系研究理论体系的拓展和深化,尤其是发现了不同类型、严重度水平的信息系统可用性问题诱发的用户负性情绪类别、情绪强度存在着差异,为信息系统可用性优化、用户情绪管理提供了理论支撑。在信息系统可用性工程实践中,本章研究成果可应用于系统可用性优化决策,考虑到负性情绪导致的用户抵制对于信息系统成功将产生消极影响(Laumer et al,2015),且存在类别差异,可用性实践中应赋予特定可用性问题更高的优先级;同时,本章研究成果也为信息系统实施过程用户情绪干预和管理提供了支持,为了提高用户对于信息系统的采纳度,在明确情绪类别及强度条件下,对于出现的用户负性情绪应进行积极干预,如播放舒缓的背景音乐、鼓励和激励、办公环境布置等措施,改善用户情绪体验,尽量降低用户负性情绪的消极影响。

第 6 章　信息系统可用性问题对用户情绪生理反应的影响

用户情绪是一多维度概念，除情绪主观体验之外，情绪生理反应亦是其中的重要成分。本书第 4、5 两章在可用性实验基础上，从维度取向、分类取向两个视角，分析了信息系统可用性问题对于用户主观情绪的影响。为了建立针对本书研究主题的更加全面的研究框架体系，本章从情绪生理变化维度，探讨信息系统可用性问题对于用户皮肤电导水平 SCL（Skin Conductance Level）的影响，以期深化对于信息系统可用性与用户情绪间关系的理解。

皮肤电导 SC 是指示用户情绪变化的重要生理指标，且具有不易受主观调控影响、采集方便、灵敏度高等优势，尤其是能够有效表征个体在不能产生主动规避行为情况下的低强度负性情绪（Fowles，1988），非常适合信息系统可用性的研究情境。同时，如章节 4.3 所述可以发现，不同类型、严重度水平信息系统可用性问题对于用户主观情绪唤起度的影响不显著，即用户情绪主观测量中的唤起度指标对于可用性问题特征变化不敏感；而已有研究表明皮肤电活动是与主观情绪唤起度高度相关的客观生理指标（Andreassi，2013；Dawson et al，2007）。因此，服务于本书研究目标，从研究体系构建的角度出发，本章选择皮肤电导作为指示用户情绪变化的生理指标，在可用性测试实验基础上，分析人机交互过程中信息系统不同可用性问题水平下用户情绪的 SCL 指标变化特点和规律，为开展基于用户情绪生理指标的可用性测试技术及方法研究提供依据和支撑。

6.1　皮肤电活动及其对情绪变化的指示

6.1.1　人体皮肤电活动及特征

皮肤电活动受人体皮层下结构，主要是自主神经 ANS 中的交感神经系统控制。皮肤电导变化受神经对皮肤通透性和汗腺活动影响，随着汗腺分泌的增加，汗内盐成分使皮肤导电能力增强(电阻值减小)。其中，汗腺受自主神经系统的交感神经支配，取决于末梢器官的胆碱能的传递。皮肤电活动具备如下效应(Picard，Picard，1997)：学习效应，即重复事件较新鲜事件产生的应激反应要弱；个体差异效应，即不同个体对于同一事件产生的应激反应存在差异；时间效应，即不同时间段中同一个体对于同一事件的应激反应可能不同。

皮肤电的采集位置有 3 种：被试的食指和中指的指腹部位(如图 6-1 中位置 1)、食指和中指的指尖部位(如图 6-1 中位置 2)、鱼际和小鱼际部位(如图 6-1 中位置 3)。实验研究表明，被试食指和中指的指尖部位采集得到的皮肤电信号要显著高于其他两个部位(Scerbo et al，1992；Freedman et al，1994)。因此，实验过程中，通常将两个导电片紧贴于被试的非利手掌的食指、中指指尖位置，并要求连结部位松紧适度。

心理生理学相关研究中皮肤电活动的测量主要从张力水平(Tonic Level)和相位水平(Phasic Level)两个维度考察(Weinert et al，2015；Boucsein et al，2012)。

张力水平是考察较长时间段内个体皮肤电活动特征的维度，主要涉及皮肤电导水平 SCL 和非特异性皮肤电导反应 NS-SCRs(Nonspecific Skin Conductance Responses)两个指标。其中，皮肤电导水平 SCL 衡量的是在不存在相位皮肤电导反应 SCRs(Skin

Conductance Responses)的情形下皮肤的导电能力，也称作基础皮肤电传导，以微西门子(μS)为单位，是跨越皮肤两点的皮肤电导的绝对值，体现了信息系统人机交互过程中用户情绪/认知生理系统的觉醒水平，是对启动势能的一种良好的评价指标。非特异性皮肤电导反应 NS-SCRs 是指在没有外部刺激及导致皮肤电活动变化的个体动作(如身体移动、叹气等)的情形下，个体皮肤电相位的增强，具有与皮肤电导反应 SCRs 一致的表现形式，因此又被称为自发性反应、自发性波动，更常用于衡量个体休息期间的皮肤电活动，通过频率(如次/分)进行描述。张力水平维度的 SCL 和 NS-SCRs 均具有相对稳定的个体差异，且跨天或月周期内重测相关度在 0.50～0.70 之间(Boucsein et al,2012)。

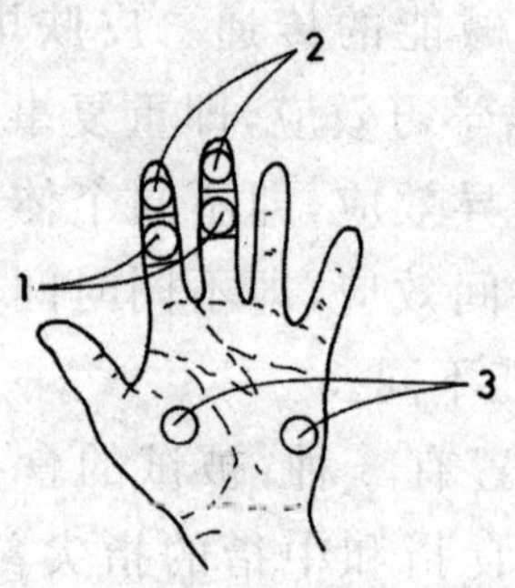

图 6-1　皮肤电信号采集位置示意图(Dawson et al,2007)

相位水平考察的是刺激材料诱发的皮肤电活动在张力水平基础上的相位增强，主要涉及皮肤电导反应 SCR 指标。SCR 的主要测量指标包括频率、幅度、反应时、上升沿持续时间、幅度衰减时间、50%幅度衰减时间、63%幅度衰减时间等(Boucsein,2012)。研究中，SCR 指标的应用需要在时间坐标系上进行刺激材料发生的标记，以去除 NS-SCRs，因此更适于短周期内个体皮肤电活动特征的分析。同时，得益于信号处理技术的进步和人工智能分析技术的发展，SCR 特征提取和分析过程中的个体皮肤电活动波峰检测与计数、反应时测量、时间指标特征提取等均已实现了自动化(Boucsein,2012)，显著提升了个体 SCR 指标处理与分析的效率。

个体皮肤电活动采集和处理中，噪声和伪迹的出现几乎不可避免，主要的噪声、伪迹来源涉及导电金属贴片的牢固程度、导线拖拽、大幅度身体移动、说话、不规则呼吸、环境噪声等（Boucsein et al,2012），因此，为了提高研究结果的准确性，严格的实验设计及数据处理阶段的伪迹去除尤为必要，且相关实验过程应全程可视、可控，实验持续时长应控制在恰当的时间段内（一般应严格控制在2小时内）。

6.1.2　皮肤电导对信息系统用户情绪变化的指示

由于包括皮肤电活动在内的人体心理生理指标能够从潜在的神经活动层面考察用户行为，有效降低信息系统用户行为研究中自我报告法存在的偏差，在信息系统与神经科学交叉领域诞生了"信息系统神经学（NeuroIS）"研究方向，并成为管理学科新的研究热点（Vom Brocke，Liang，2014）。信息系统神经学研究中，皮肤电活动是低成本、高效的个体生理指标之一（Dimoka et al，2012；Dimoka et al，2011），主要应用涉及信息系统用户的情绪系统觉醒、精神压力、应对机制、信息处理、决策以及记忆存储等（Weinert et al，2015）。

个体皮肤电导活动特征能够指示用户的情绪变化，其理论依据是情绪的生理可分性，即特定的情绪种类（如厌恶）具有特异性情绪自主神经系统活动（李建平等，2005）。例如，研究表明，皮肤电活动包含了可靠的情绪生理反应，可以从其瞬变和缓变规律中找到情绪生理反应特征（温万惠等，2011）。信息系统人机交互用户心理生理研究中，在长时情绪刺激情况下，主要考察用户皮肤电活动的张力水平维度，具体地，皮肤电导水平SCL和非特异性皮肤电导反应NS-SCRs频率是经常使用的指标（Dawson et al，2007）。典型地，在任务执行过程之初，用户的SCL会短时升高，而后逐步下降，一旦有新异事件发生，用户的情绪系统觉醒水平会重新提高，进而导致用户 SCL 出现波动。期间，用户的皮肤电导水平基准会受到唤醒水平和手指温度的影响，因此信号采集过程要求被试处在身体健康、无发烧感冒等影响体温症状，且实验前要放松心态。需要指出的是，人体 SCL 的变化亦可以从认知负荷的角度解释分析，特定任务（如与存在可用性问题界面的交互任务）会导致人体认知负荷的提高，使中枢神经及交感神经更加活跃，相应地受其控制的汗腺分泌汗液活动加强，进而导致皮肤电导水平 SCL 的升高（Jenning，1986；Shi et al，2007；夏岚等，2012）。同时，上述两种解释并不冲突，甚至有些情况下互为补充。

在信息系统可用性测试与评估研究中，包括皮肤电活动在内的人体生理活动指标是用户情绪研究的重要维度，应用广泛。这主要是由于生理活动指标对用户心理活动，如负性/正性情绪、注意以及工作负荷变化等非常敏感，可用于发现诱发用户情感、认知状态发生变化的信息系统可用性因素和交互事件（Andreassi，2013；Wastell，Newman，1996），并具有不易受主观掩饰的影响、实时性好等优点（Picard et al，2001）。由于信息系统人机交互过程用户遇到可用性问题可看作是对用户的刺激，同其他类型刺激材料类似，会诱发用户不同水平的情绪反应，包括 SCL 在内的用户情绪生理指标必然会发生对应的变化。例如，已报道研究表明，网页界面存在的可用性问题会使得交互过程中用户标准化的皮肤电导活动均值提高（Ward，Marsden，2003），而清晰的用户导航标识能够降低用户的认知负荷，进而导致用户操作过程皮肤电活动呈现逐渐减弱趋势（Foglia et al，2008）。又如，实验发现，视频游戏中用户的皮肤电活动、任务绩效以及主观评价之间存在相关关系（Lin et al，2006）：任务绩效降低时，皮肤电导均值升高；用户主观评价的压力水平与其皮肤电指标存在相关关系。

信息系统可用性研究中，涉及的用户生理数据有 EEG、ECG、RSP、SC 以及眼动模式 EOS（Eyes on Screen）等（Phukan，2009）。将用户的皮肤电活动特征应用于信息系统可用性测试与评估研究具有如下优势：实验表明，相较于其他生理信号，皮肤电活动能够有效表征个体在不能产生主动规避行为情况下的低强度负性情绪，非常适合信息系统可用性问题研究情境；皮肤电信号易于采集和记录；皮肤电活动受交感神经系统严格控制，特异性相对较好；皮肤电导具有更高的反应灵敏度。同时，本书的研究中，可用性评价对象为信息系统（如军事领域指挥信息系统、企业办公信息系统等），其操作使用过程中要求生理信号的采集应具备无创、对主任务干扰度低等特点，而这正是皮肤电信号的优势。上述原因，构成了在本书的信息系统可用性问题与用户情绪关系研究中，选择皮肤电信号作为情绪生理指标进行分析的主要原因。

同时，人体皮肤电活动指标在信息系统可用性与用户情绪研究中的应用也面临着诸多挑战。这主要是由于在信息系统人机交互过程中，人体皮肤电活动是多因素共同作用的结果：(1)信息系统可用性事件诱发的情绪反应。从用户视角出发，系统（如信息系统、武器装备、手持设备等）是与人交互的实体，特定情境下其可用性特征会诱发用户的情绪反应（Pfister et al，2011），而人体皮肤电生理系统对情绪刺激的两个维度（效价和唤起度）均会产生应激反应（Lang et al，1998）。(2)信息系统可用性问题导致用户的认知负荷升高。特定事件或任务（如与存在可用性问题的信息系统的交互）会造成个体认知负荷的提高，在中枢神经系统的调解下，自主神经系统的交感神经系统更加活跃，相应地受其控制的汗腺分泌汗液活动加强，导致人体皮肤电生理系统产生相应的应激反应（Jenning，1986；Shi et al，2007；夏岚等，2012）。(3)信息系统应用环境的影响。如信息系统配套设备运行过程产生的噪声会导致置于其间的个体包括皮肤电活动在内的人体电生理指标发生变化（Trimmel，Poelzl，2006）。此外，观测得到的人体皮肤电信号亦含有信号采集系统带来的噪声成分。更具体地说，对采集得到的人体 SCL 信号而言，除噪声外，还会不同程度地含有皮肤电导反应 SCRs，尤其是非特异性皮肤电导反应 NS-SCRs 成分（Boucsein et al，2012）。因此，信息系统可用性测试过程中采集到的人体皮肤电信号及 SCL 成分异常复杂，且不同程度地含有噪声成分，表现出非线性、非平稳特征。也正是上述诸多原因，导致已有研究报道出现不同可用性水平下的信息系统操作使用中，用户的皮肤电活动特征（如周期内 SCL 均值、NS-SCR 频率等）变化不敏感，与理论上的分析结论存在不一致（Ward，Marsden，2003；Gao et al，2013）。

6.1.3 选取皮肤电导水平指标的原因

1. 理论创新视角的分析

信息系统人机交互研究中，一方面，用户的皮肤电导水平 SCL 是典型的跨长周期皮肤电活动指标，适合信息系统人机交互研究情境，其在信息系统可用性研究中应用的技术可行性得到相关研究的验证；但另一方面，包括 SCL 在内的皮肤电活动指标在信息系统研究中的应用也受到极大限制（Weinert et al，2015；Gao et al，2013），主要的原因在于如前所述人机交互中人体皮肤电生理系统极易受到干扰，即便是在严格实验设计条件下，为了保证研究的效度而不得不采用较宽松的实验场景（Ward，Marsden，2003），使得采集得到的 SCL 信号呈现出非线性、非平稳特征。但回顾已报道的相关研究文献可以发现，研究中采用的 SCL 特征主要为周期内均值，是建立在信号数据的线性、平稳假设基础之上的（Bach et al，2010；Bach et al，2011；Bach，Friston，2013），与采集得到信号的特征并不相符。因此，本章在信息系统可用性测试实验基础上，提取人机交互过程中用户皮肤电导水平 SCL 的多特征指标，并检验不同可用性问题水平下 SCL 特征指标变化是否显著，对于进一步推动 SCL 及皮肤电活动在信息系统人机交互研究中的应用具有显著的理论价值。

对于皮肤电活动的其他典型指标，SCRs 特征更适用于针对独立或较少离散刺激材料诱发的个体心理生理系统反应问题的研究（Dawson et al，2007），且需要在时间坐标系上进行刺激材料发生的标记，而在信息系统（典型地如军事领域指挥信息系统、企业办公信息系统等）人机交互中，系统可用性问题诱发的瞬时皮肤电导反应 SCRs 非常容易与 NS-SCRs 重叠耦合，同时，难以对明确的刺激材料发生时间节点进行标记处理，因此，并不适用于本章研究对象及目标；而对于 NS-SCRs 而言，虽然也是个体皮肤电活动张力水平维度分析的重要指标，但正如章节 6.1.1 所述，其更适合于个体休息期间皮肤电活动特征提取与分析的研究情境，信息系统人机交互过程中由于 NS-SCRs 与 SCRs 难以严格区分，给数据的分析和处理带来挑战，限制了该指标在本研究中的应用。

2. 实践价值视角的分析

从工程实践角度分析，相较于人体的其他生理信号指标，皮肤电导水平 SCL 指标数据的获取与采集过程无损、对主任务干扰度低且不易受主观调控，研究结论及成果更具有工程转化价值。通过对已报道的信息系统可用性测试案例进行总结分析可以发现：(1)用户脑电、眼动信号在人因工程及可用性研究中应用最为广泛，且已形成相对成熟的实验设计、数据采集、结果分析等技术和方法体系，但脑电数据应用存在着采集过程对被试干扰较大、数据采集分析设备较昂贵等问题，而眼动信号则更多地应用于二维视觉用户界面（如网页、手机屏幕等）可用性测试研究（刘青，薛澄岐，2010），且眼动轨迹数据的采集对信息系统人机交互模式产生诸多限制和约束，与信息系统的现实使用场景存在着较大差异；(2)人体心电、呼吸及皮肤电信号均是表征被试自主神经系统 ANS 活动的最具代表性的指标，但相较于皮肤电信号受到自主神经系统的交感神经系统严格控制，呼吸极易受到被试主观调控影响，而呼吸的变化又会对心电产生影响，因此，从数据解释及结果分析角度看心电、呼吸信号的特异性较差。因此，总体上来讲，在针对本章主题的研究框架下，分析和探讨人体皮肤电导水平 SCL 信号在不同可用性问题水平条件下的变化特点和规律，研究结论的效度更容易得到保证,研究成果也更容易向信息系统工程实践(如基于人体生理指标实时监测的智能化信息系统等)中转化。

基于上述分析,本章以用户情绪生理指标 SCL 为研究对象,通过可用性测试实验,分析信息系统可用性问题对于用户 SCL 的影响。考虑到可用性测试中用户 SCL 信号的复杂性特点,本节的研究将从数据标准化预处理、SCL 特征提取(尤其是基于信号的非线性、非平稳假设)等角度,对这一问题进行研究和分析。

同时,如章节 6.1.1 所述,个体 SCL 是跨越皮肤两点的皮肤电导的绝对值,体现了信息系统人机交互过程中用户情绪/认知生理系统的觉醒水平,是表征情绪刺激材料对于生理系统唤起"程度"的概念和指标。因此,对应于本书研究主题中因变量用户情绪生理维度的 SCL 指标,本章节后续研究中对于自变量的讨论和分析将集中于表征信息系统可用性问题"程度"的严重度特征。

6.2 皮肤电导水平数据标准化方法

信息系统可用性测试中皮肤电信号存在着个体反应特异性,即不同个体对于同一可用性相关事件的应激反应存在差异,因此,在可用性研究中,尤其是组间实验设计时,被试个体数据的标准化处理是必要且关键的环节(Dawson et al,2007;Boucsein et al,2012),以控制反应偏差(Fischer,2004)。从已报道文献分析,皮肤电信号标准化方法研究更多集中于测谎、临床医学等领域,且主要关注皮肤电导反应 SCRs 成分的标准化过程;另一方面,研究表明,个体反应特异性是人体生理、心理因素及研究情境等共同作用的结果,明显地,信息系统用户特征及可用性问题的研究情境与已报道研究中测谎、临床治疗等研究场景存在很大差异。因此,现有皮肤电信号标准化方法在信息系统可用性测试皮肤电导水平 SCL 数据处理中的适用性有待进一步检验。本小节在综述现有皮肤电信号标准化处理方法基础上，应用受试者工作特征 ROC(Receiver Operating Characteristic)曲线分析对信息系统可用性测试中 SCL 数据标准化方法进行比较和评估，为皮肤电信号在可用性研究中的应用提供依据和支撑。

6.2.1　皮肤电信号标准化方法综述

研究的目的和需求不同，人体电生理数据标准化的实现方法也存在着差异。本章节关注的皮肤电信号标准化方法主要用于去除个体差异效应，包括基于全距的标准化法、Z 分数法及比率调整法等(Bush et al，1993)。其中，Z 分数法的数据标准化处理过程完全建立在被试在实验水平下的样本数据，而其他方法则还需测量被试在平静状态或控制组水平下的对照组数据。

1. 基于全距的标准化法

Lykken 等提出基于全距的皮肤电信号标准化方法(Ben-Shakhar，1985)，标准化处理过程如式(6-1)所示：

$$x' = \frac{x_{\text{raw}} - x_{\min}}{Range} \tag{6-1}$$

式中：全距

$$Range = x_{\max} - x_{\min} \tag{6-2}$$

x' 为标准化处理结果，x_{raw} 为被试在实验水平下样本原始数据，$x_{\max}$ 为被试在实验过程中测得样本数据最大值，$x_{\min}$ 为被试在实验过程中测得样本数据最小值。

Ward 和 Marsden 在针对网站信息系统可用性测试与评估的研究中对式(6-1)进行了调整(Ward，Marsden，2003)，以被试平静状态下的皮肤电活动均值代替被试在实验过程中测得样本数据最小值，降低了原标准化方法对于测得样本数据极值(极小值估计)的依赖，如式(6-3)所示：

$$x' = \frac{x_{\text{raw}} - \overline{x}_{\text{calm}}}{Range} \tag{6-3}$$

式中：$\overline{x}_{calm}$ 为被试平静状态下样本数据均值。

已报道研究表明，基于全距的标准化方法能有效减少误差方差，提高组间比较的统计检验力。但由于该方法依赖于对于样本最大和最小值的估计，需要在实验过程中对被试皮肤电信号进行长时采集和测量。因此，在实验条件和成本制约条件下，该方法的信度容易受到质疑。

2. Z 分数法

为了解决基于全距的标准化方法中极值参数不稳定的问题，Ben-Shakhar（Ben-Shakhar，1985）提出应用 Z 分数法进行被试皮肤电信号的标准化处理，基于 Z 分数法的标准化 x' 如式（6-4）所示：

$$x' = \frac{x_{raw} - \overline{x}}{SD} \tag{6-4}$$

式中：$\overline{x}$ 为被试在实验水平下样本均值，SD 为被试在实验水平下样本标准差。

由于 $\overline{x}$、SD 容易受样本中异常值的影响，Stemmler（Stemmler，1987）和 Ben Shakhar（Ben-Shakhar，1987）提出应用修正的 Z 分数进行皮肤电信号的标准化处理，基于修正的 Z 分数法的标准化 x' 如式（6-5）所示：

$$x' = \frac{0.6745(x_{raw} - \tilde{x})}{MAD} \tag{6-5}$$

式中：

$$MAD = median\{|x_{raw} - \tilde{x}|\} \tag{6-6}$$

式中：$\tilde{x}$ 为被试在实验水平下样本中位数，MAD 为原始数据 x_{raw} 同样本中位数绝对偏差的中位数。常数项取值 0.6745 是由于在大样本情况下满足：

$$E(MAD) = 0.6745SD \tag{6-7}$$

3. 比率调整法

Paintal 提出应用比率对被试皮肤电信号进行标准化处理

(Paintal,1951),即将原始数据同被试应激条件下样本最大值的比值作为标准化处理结果。通过分析可以发现,该方法中也存在着样本最大值估计的问题,即极值参数不稳定。

此后研究中出现了该方法的变型,如式(6-8)所示(Laparra-Hern et al,2009):

$$x' = \frac{x_{q3}}{x_{q3,contrast}} - 1 \tag{6-8}$$

式中:x_{q3} 为被试在实验水平下样本的上四分位数,$x_{q3,contrast}$ 为被试在对照组水平条件下样本的上四分位数。

通过对已报道相关研究文献综述可以发现,在用户体验及信息系统可用性研究中,用户皮肤电信号标准化方法的应用并没有形成统一的指导标准和规范共识,在不同研究主题及问题情境中上述方法均得到应用,甚至混合使用。例如,在针对网页导航标识的可用性评估研究中,被试皮肤电信号的处理就涉及基于全距的标准化法和比率调整法(Foglia et al,2008)。同时,由于研究中均值是皮肤电导水平 SCL 特征提取的重要指标(Boucsein et al,2012),因此,对于信息系统用户 SCL 信号标准化处理中,基于式(6-4)的 Z 分数法标准化方法的应用受到局限。

结合信息系统可用性测试研究的特点和需求,本小节在信息系统可用性测试实验基础上,对基于公式(6-3)的基于全距的标准化法、基于式(6-5)的基于修正 Z 分数法的标准化法以及基于式(6-8)的比率调整法在 SCL 数据处理中的应用效果进行比较分析,以期为信息系统可用性研究中用户皮肤电活动数据及其他电生理数据的标准化提供参考和依据。

6.2.2 研究方法

1. 被试

某军事工程大学在校四年级本科生 24 人参加了实验,且被随机分为A、B两组，每组12人。其中20人为男性，4人为女性。被试年龄在19～25岁之间，身体健康，无精神疾病史，计算机应用熟练。

2. 实验材料

本研究中实验材料的选择过程遵循以下原则：(1)对应于本书的研究主题和研究目的，实验材料应为信息系统；(2)对应于本小节的研究目标，实验材料信息系统应具有不同的可用性水平，典型地，如是否具有降低系统操作绩效、对预期任务完成造成阻碍的信息系统可用性问题，以便于构建典型的二分类问题；(3)实验材料信息系统应具有典型性、代表性，且具有易获得性；(4)实验材料信息系统的操作使用不会给被试带来身体或精神上的损害等。

本研究中实验材料的选择过程包含以下步骤：(1)依据实验材料选取原则，本实验确定以某装备管理信息系统为可用性测试对象，该系统功能为支撑军事领域的信息安全装备管理业务，面向个人操作使用，且配发后多次收到用户反馈意见建议；(2)应用章节3中形成的可用性检查列表，由1位人因工程专家、1位用户和1位系统开发人员共3人，对该装备管理信息系统进行可用性评估，列出发现的可用性问题，并描述可用性问题相关的任务场景；(3)依据典型性、相对独立性、易实施的标准，由3人确定1个备选的信息系统可用性问题，建立任务场景；同时，确定备选的不涉及可用性问题的操作任务及场景；(4)由2名学员针对设计的两个信息系统任务进行预实验，评估实验进程的可控性，并在此基础上最终确定实验流程及方案。

考虑到装备信息安全，本研究中可用性测试实验评估对象为模拟的装备管理信息系统，其中的功能模块、可用性问题及对应的任务场景与实际信息系统一致。实验分别针对装备信息记录添加功能模块[界面如图6-2(a)所示]和外部数据导入功能模块[界面如图6-2(b)所示]进行测试，如图6-2所示。其中，外部数据导入功能模块存在界面提供的视觉线索与用户的认知习惯不一致的问题：外部数据导入界面中默认的数据文件导入根目录为 C 盘且不能更改，用户移动存储设备中的数据只有先保存到 C 盘后才能完成数据导入。

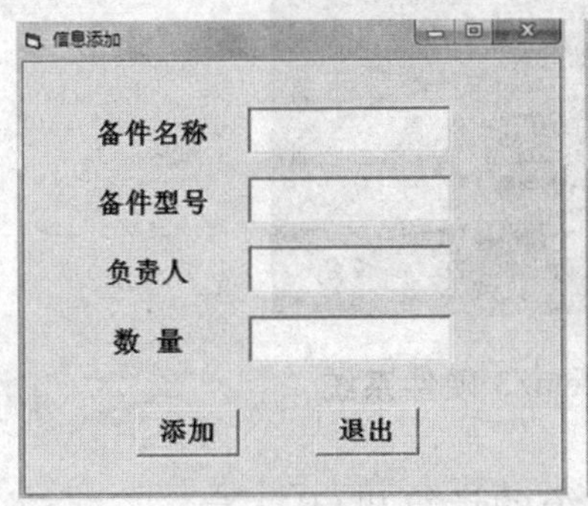

（a）记录添加功能界面

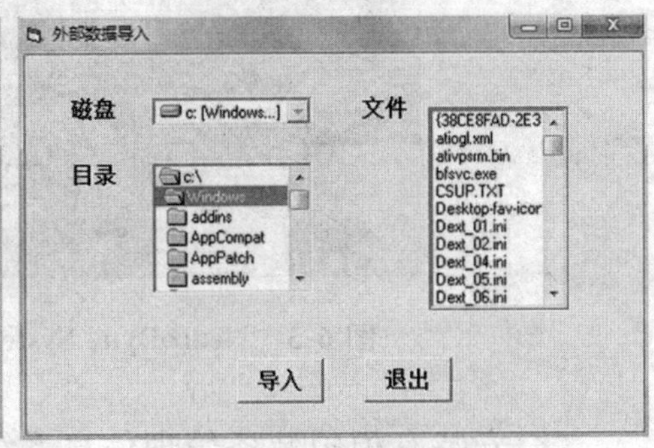

（b）外部数据导入功能界面

图 6-2　可用性测试界面

被试完成可用性测试任务后，填写 Nielsen 可用性问题严重程度调查问卷对系统可用性进行主观评价。该问卷为 5 级利克特量表，分值越高代表对应的系统可用性问题越严重。

3. 实验设备及数据采集

实验依托西安交通大学人因工程实验室。实验过程中用户 SCL 数据采集通过 NeuroDyne Medical Corporation 公司的 NeuroDyne System/3 系统完成，并由摄像机全程记录每名被试完成功能测试的情绪变化和所有动作。

具体的实验平台设备包括：

(1)安装有 NeuroDyne System/3 软件系统的计算机(A)1 台。

(2)NeuroDyne System/3 硬件系统(如图 6-3 所示)。

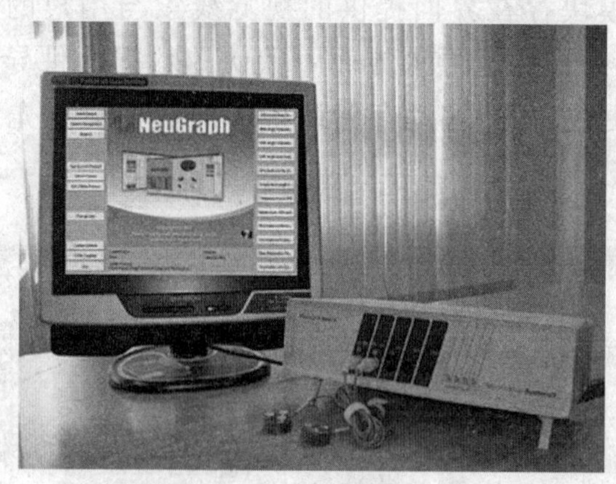

图 6-3　NeuroDyne System/3 硬件系统

(3)安装有模拟装备管理信息系统的计算机(B)1 台。

(4)影像记录装置(摄像机、数码照相机)。

(5)电源等相关配套设备。

具体的实验系统连接如图 6-4 所示。

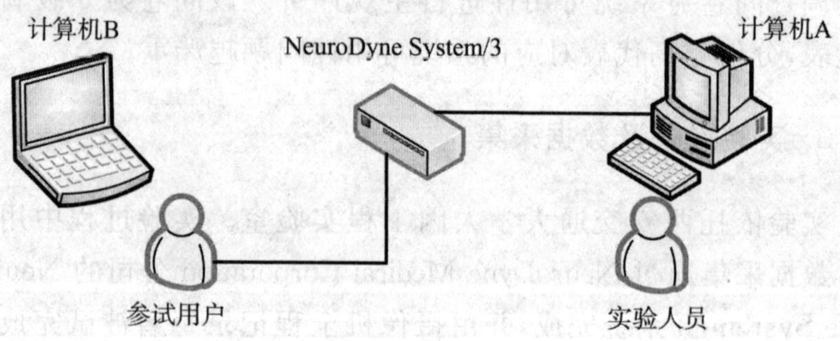

图 6-4　实验系统连接示意图

NeuroDyne System/3 系统通过金质导电片与被试连接，两个导电片紧贴于被试的非利手掌心的食指、中指指尖位置，要求连接部位松紧适度，如图 6-5 所示。系统采样率为 10 Hz，SCL 单位为微西门子(μS)。

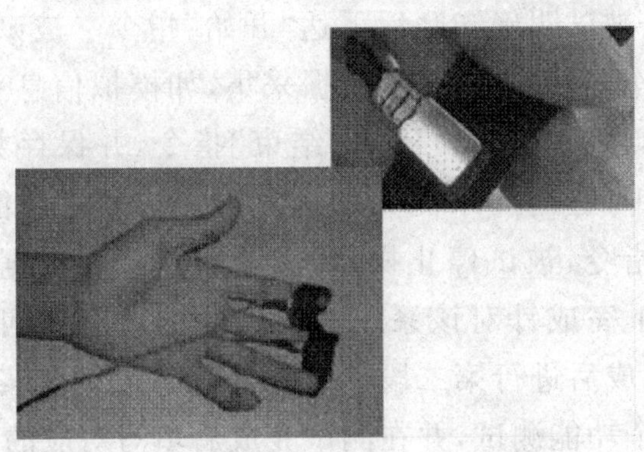

图 6-5　导电片与被试连接示意图

实验场地及环境要求如下：

(1)测试间应清洁、明亮。

(2)室内温度：20～30 ℃。

(3)相对湿度：≤75%。

(4)大气压力：86～104 kPa。

(5)面积：≥20 m²。

(6)220 V 标准电源接入。

人体正常状态下 SCL 的取值在 2～20 μS 之间(Dawson et al,2007)，因此本实验中只将在此区间范围内的数据作为分析对象，共计 19 组。每组数据分别包括该被试在与 2 个界面交互过程中的 SCL 数据。

4. 实验程序

被试进入实验室后，首先简要了解实验内容并签署知情同意书，填写个人基本情况资料。实验开始前，被试用清水清洁手部，且强调不允许使用具有去除皮肤角质层功能的洗手液。由实验人员将生理记录设备连接在被试相应位置，并安排其坐在实验电脑前，要求身体尽量保持不动。

每名被试参与的实验由 2 段 3 分钟静息和 2 个功能测试任务组成。首先进行第一段静息，由实验人员记录被试的 SCL 数据，作为被试在平静状态下的基线生理数据。实验人员向被试朗读任务，确认被试明确知晓后下达“开始”指令。被试在实验计算机上进行操作，实验人员进行数据采集，如模拟信息系统出现“操作成功”提示，则实验人员下达“结束”指令，并保存数据；如测试持续达 3 分钟，且用户未能利用该界面完成预定功能，实验人员下达“结束”指令，被试停止操作，实验人员保存数据。被试在实验人员指导下完成针对该系统功能模块的可用性问题严重程度调查问卷，完成后进行第二段 3 分钟静息。被试在实验人员指导下进行另一个功能测试，并在测试完成后填写对应的调查问卷。

被试完成测试后，实验人员确认数据保存正确、完整，然后结合调查问卷要求被试陈述测试过程中的体验，并进行记录。

5. 分析方法

采集得到可用性测试过程中被试 SCL 数据后，分别应用式(6-3)、式(6-5)对原始数据进行标准化处理，然后对每位被试原始数据及不同标准化方法处理后的数据分别取均值，并计算不同测试功能模块对应的均值结果的差。比率调整法直接依据式(6-8)进行计算。

依据章节 6.2.1 所述，可以认为信息系统功能模块的可用性特征会诱发用户情绪反应，在个体的皮肤电活动方面表现为系统潜在的可用性问题导致的用户情绪体验变化/认知负荷升高会使得被试 SCL 显著提高。同时，本实验设计中 A、B 两组被试在可用性测试中接受的两个任务的呈现次序不同。因此，在模拟装备管理信息系统可用性测试实验基础上，作者设计了依据 SCL 均值差对被试的 SCL 特征进行二分类识别的问题，检验依据原始数据及不同标准化处理方法得到的数据进行二分类识别的效果是否存在差异。

本研究应用 ROC 曲线分析方法对各数据标准化方法进行比较分析。ROC 曲线采用构图法描述了不同标准化方法的分类灵敏性(或真阳性率)与特异性(或真阴性率)相互关系，是反映灵敏性和特异性连续变量的综合指标(赵晓华，等，2013)。曲线下面积 AUC(Area Under the Curve)指标则是 ROC 曲线分析中用来综合评价不同处理方法分类效果的指标。标准化处理方法对应的 ROC 曲线 AUC 越大,则说明基于该方法处理得到标准化数据的分类效果越好。ROC 曲线 AUC 的估计和比较方法包括参数法和非参数法两类,且截断点数量大于 5 时,两种方法估计的差异不显著(Centor,Schwartz,1985)。应用非参数法进行 ROC 曲线 AUC 的估计和比较。

ROC 分析基于 MedCalc 11.4.2.0 软件完成。

6.2.3　结果分析与讨论

1. 功能模块可用性问题严重程度区分度

被试对于功能模块界面(a)可用性问题严重程度主观评价均值为 0.50,标准差为 0.66,最小值为 0,最大值为 2;被试对于功能模块界面(b)可用性问题严重程度主观评价均值为 3.42,标准差为 0.65,最小值为 2,最大值为 4。数据分析的标准差结果表明,用户对于不同功能模块的可用性主观评价存在着相对较大的个体差异,进而也可以推断诱发的情绪体验/认知负荷、电生理反应会存在个体差异。

对功能模块界面可用性严重程度主观评价进行两配对样本 Wilcoxon 符号秩检验,Z 值为 -4.37,概率 P 值为 0.000。检验结果表明,在显著性水平 α 为 0.05 下,功能模块界面(b)可用性问题严重程度要显著高于功能模块界面(a),该结果同模拟装备管理信息系统可用性设计预期一致,说明实验材料诱发效果合格。

2. 基于 ROC 分析的数据标准化方法比较

原始数据、基于全距的标准化法、基于修正 Z 分数法的标准化法以及比率调整法对应的 ROC 曲线如图 6-6 所示。

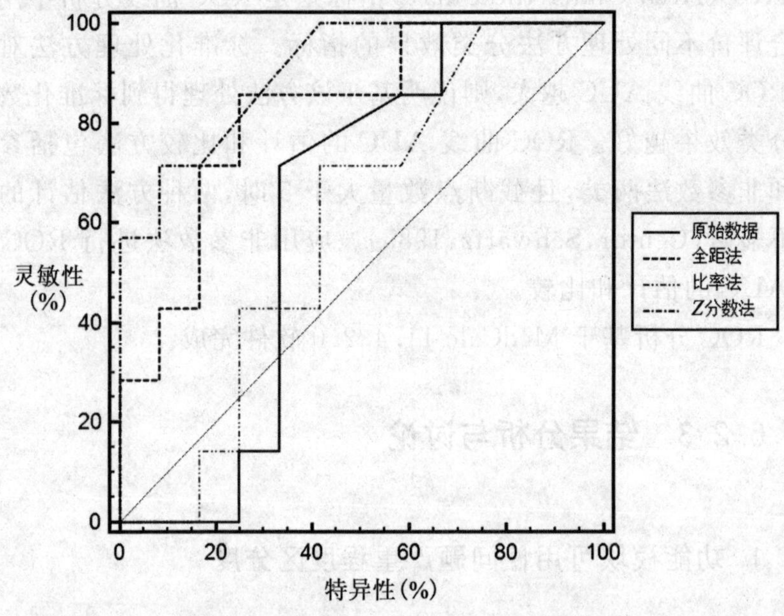

图 6-6 不同标准化方法 ROC 曲线

图 6-3 中,原点到右上角对角线为参考线,代表完全无价值的处理,即其特异性和灵敏性相等。图 6-3 表明,基于修正 Z 分数法的标准化法和基于全距的标准化法 ROC 曲线完全位于参考线之上,且高于原始数据和比率调整法对应的 ROC 曲线。

ROC 曲线 AUC 指标分析结果如表 6-1 所示。

表 6-1 ROC 曲线 AUC 指标分析结果

标准化方法	AUC	标准差	95%置信区间
原始数据	0.613	0.136	[0.366,0.823]
全距法	0.821	0.102	[0.580,0.956]
比率法	0.595	0.135	[0.350,0.810]
Z 分数法	0.905	0.066	[0.682,0.990]

不同标准化方法ROC曲线AUC指标配对比较检验结果如表6-2所示，可以发现：基于修正Z分数法的标准化法显著好于原始数据和比率调整法；基于全距的标准化法显著好于比率调整法；同时，结合表6-1，虽然基于修正Z分数法的标准化法ROC曲线的AUC指标高于基于全距的标准化法，但二者之间的差距并不显著。

表6-2　ROC曲线AUC指标配对比较检验结果

标准化方法	差值	标准差	95%置信区间	Z值	概率P值
原始数据～全距法	0.208	0.128	[−0.043,0.460]	1.621	0.105
原始数据～比率法	0.018	0.108	[−0.194,0.229]	0.166	0.869
原始数据～Z分数法	0.292	0.134	[0.029,0.554]	2.176	0.030*
全距法～比率法	0.226	0.115	[0.000,0.452]	1.962	0.049*
全距法～Z分数法	0.083	0.121	[−0.155,0.321]	0.686	0.493
比率法～Z分数法	0.310	0.143	[0.029,0.591]	2.159	0.031*

注：* $p<0.05$

3. 结果讨论

基于ROC分析的结果表明，在信息系统可用性测试用户SCL标准化处理中，基于修正Z分数法的标准化法效果最好，基于全距的标准化法次之，而比率调整法和原始数据差异不显著。

该结果可能的主要原因包括：基于修正Z分数法的标准化法，在有效去除SCL数据的个体差异效应同时，由于其应用的是样本的位置平均数，较数值平均数更不容易受到样本极端值的影响，这与Ben-Shakhar提出的数据标准化原则(Ben-Shakhar，1987)相一致；而基于全距的标准化方法，则相对容易受极端值影响，尤其是在样本数据量不足够大时，该标准化方法的稳定性较差；基于式(6-8)的比率调整法，虽然采用了样本数据的上四分位数，但其应用于二分类判别分析的数据本质上仍是原始数据，因此，其处理效果与原始数据差距不显著。

6.2.4 主要结论

结合文献综述分析,信息系统可用性测试实验数据的 ROC 分析结果表明,基于修正 Z 分数法的 SCL 数据标准化法优势明显,在有效去除 SCL 数据的个体差异效应同时,较之于基于全距的标准化方法,具有不易受极端值影响的特征。因此,在可用性研究中,应推荐使用基于修正 Z 分数法的 SCL 数据标准化方法,而基于全距的标准化方法则应谨慎使用。

同时需要指出的是,本章的研究结论针对的是可用性研究情境中的用户皮肤电导水平 SCL 数据标准化处理方法,其特殊性一方面体现了皮肤电信号的标准化处理特点,也体现在其常用指标(均值特征)决定了其不宜使用普通 Z 分数法进行标准化处理。因此,信息系统可用性测试过程中用户皮肤电信号其他成分的标准化处理方法,仍有待进一步研究。

6.3 可用性问题对用户皮肤电导水平的影响

可用性测试是一种用于信息系统可用性评估的实验方法,通过营造类似于真实使用环境的测试环境,让被试执行测试任务,由研究人员结合用户访谈、问卷调研等形式观察、记录信息系统人机交互过程数据,并以此为基础评估产品的可用性质量,发现潜在的可用性问题(张丽萍,肖春达,2003)。信息系统可用性测试中用于发现、评估可用性问题的依据主要包括交互事件、用户报告、用户行为和生理数据等(Akers,2009)。本章节后续研究将基于信息系统的可用性测试实验场景,在明确可用性问题及特征的前提下,记录信息系统人机交互过程中用户 SCL 数据,通过 SCL 数据挖掘和特征提取,运用统计技术分析讨论二者之间的关系。

6.3.1 基于差分处理的方法

1. 实验设计

1)被试

本实验中的被试为西安交通大学四年级本科生24人,其中20人为男性,4人为女性。被试年龄在19～25岁之间(均值为21.17岁,标准差为1.34岁),所有被试身体健康,无精神疾病史,计算机应用熟练。

24名参试用户随机分成A、B、C、D共4组,每组6人。

2)实验材料

本研究中实验材料选择过程遵循以下原则:(1)对应于本书的研究主题和研究目的,实验材料应为信息系统;(2)对应于本小节的研究目标,实验材料信息系统应具有不同的可用性水平,典型地,如是否具有降低系统操作绩效、对预期任务完成造成阻碍的信息系统可用性问题,且可用性问题的严重度水平具有差异;(3)实验材料信息系统应具有典型性、代表性,且具有易获得性;(4)实验材料信息系统的操作使用不会给被试带来身体或精神上的损害等。

本研究中实验材料的选择过程包含以下步骤:(1)依据实验材料选取原则,本实验确定以某装备管理信息系统为可用性测试对象,该系统功能为支撑军事领域的信息安全装备管理业务,面向个人操作使用,且配发后多次收到用户反馈意见建议;(2)应用章节3中形成的可用性检查列表,由1位人因工程专家、1位用户和1位系统开发人员共3人,对该装备管理信息系统进行可用性评估,列出发现的可用性问题,并描述可用性问题相关的任务场景;(3)依据典型性、相对独立性、易实施的标准,由3人确定2个备选的信息系统可用性问题,建立任务场景;同时,确定备选的2个不涉及可用性问题的操作任务及场景;(4)由2名学员针对设计的两个信息系统任务进行预实验，评估实验进程的可控性，并在此基础上最终确定实验流程及方案。

考虑到装备信息安全，本研究中可用性测试实验评估对象为模拟的装备管理信息系统，其中的功能模块、可用性问题及对应的任务场景与实际信息系统一致。该系统应用 VB 编程平台开发，数据库使用微软 Access 系统。系统功能涉及装备信息记录查询、装备信息记录添加、装备信息记录修改、装备信息记录删除以及装备信息外部数据导入等。实验中可用性评估的功能模块（如图 6-7 所示）包括：功能模块界面（a），设计功能为装备信息记录添加；功能模块界面（b），设计功能为装备信息记录修改；功能模块界面（c），设计功能为装备信息记录删除；功能模块界面（d），设计功能为装备信息外部数据导入。

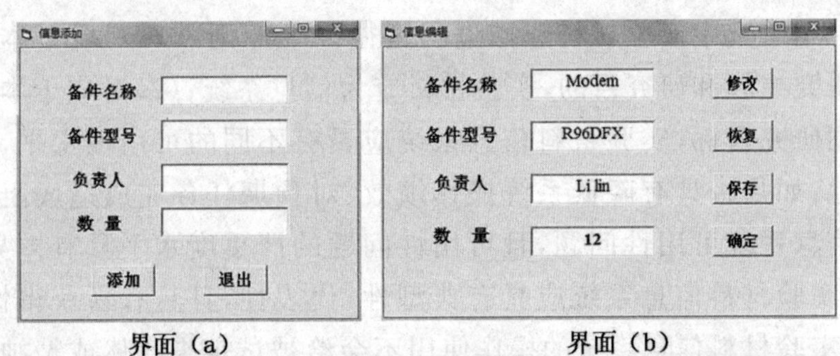

界面（a）　　界面（b）

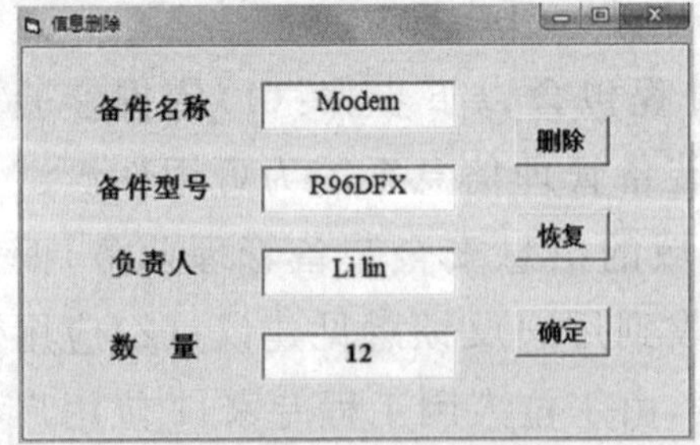

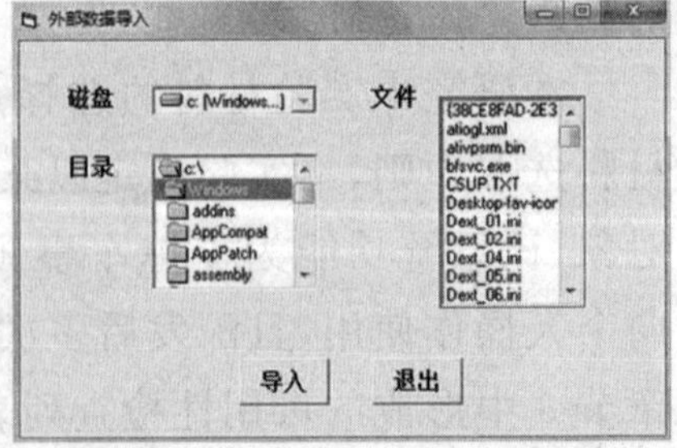

界面（c）　　界面（d）

图 6-7　实验中可用性评估界面

其中，装备信息修改功能模块界面（b）和装备信息外部数据导入功能模块界面（d）存在可用性问题：装备信息修改界面要求用户修改完信息后，按顺序点击“修改”“保存”“确定”，才能顺利完成信息修改，这样的设计明显不符合用户的操作习惯；外部数据导入界面中默认的数据文件导入根目录为 C 盘，且不能更改，用户移动存储设备中的数据只有先保存到 C 盘后才能完成数据导入。上述两个可用性问题均来自某装备信息系统案例，且经过专家讨论在该模拟系统中实现。

对该模拟信息系统功能模块可用性的评估通过用户参与的可用性测试来进行，被试针对不同界面完成功能测试性任务，如针对界面(a)的功能测试性任务为：将该记录(备件名称—NC；备件型号—EP01；负责人—Zhang ming；数量—4)添加到系统数据库中。

被试完成可用性测试任务后，填写 Nielsen 可用性问题严重程度调查问卷对功能模块可用性进行主观评价。

3)拉丁方实验设计

为了消除四个评估功能模块的呈现次序可能对实验结果造成的影响，本研究采用拉丁方设计方法(Montgomery，2009)。四组被试的功能模块呈现及相应的功能测试性任务次序如表 6-3 所示。

表 6-3　四组被试的功能模块呈现次序表

被试分组	功能模块呈现次序
A	a b d c
B	b c a d
C	c d b a
D	d a c b

4)实验设备及数据采集

如 6.2.2 章节 3)所述。

5)实验程序

与 6.2.2 章节 4)所述类似，其中每名被试参与的实验由 4 段 3 分钟静息和 4 个功能测试任务组成。

6)统计方法

使用 SPSS 16.0 进行描述性统计分析、两配对样本 Wilcoxon 符号秩检验、两配对样本 t 检验以及 Kolmogorov-Smirnov 正态性检验。

2. 结果及讨论

1)模拟系统不同功能模块可用性问题严重程度区分度

分析实验模拟信息系统不同功能模块可用性问题严重程度是否存在显著差异。被试对于四个功能模块可用性问题严重程度主观评价描述性统计结果如表 6-4 所示。

表 6-4　可用性问题严重程度主观评价结果

功能模块	样本数目	均值	标准差	最小值	最大值
a	24	0.50	0.66	0.00	2.00
b	24	1.42	0.93	0.00	3.00
c	24	0.50	0.66	0.00	2.00
d	24	3.42	0.65	2.00	4.00

对功能模块可用性问题严重程度主观评价进行两配对样本 Wilcoxon 符号秩检验,检验结果如表 6-5 所示。

表 6-5　可用性问题严重程度主观评价 Wilcoxon 符号秩检验结果

配对样本	Z 值	概率 P-值
a vs. b	−3.21	0.001*
a vs. c	0.00	1.000
a vs. d	−4.37	0.000*
b vs. c	−3.09	0.002*
b vs. d	−4.26	0.000*
c vs. d	−4.33	0.000*

注：* $p<0.05$

结果表明,被试对于不同功能模块可用性问题严重程度主观评价为:功能模块(d)可用性问题最严重,功能模块(b)次之,功能模块(a)和功能模块(c)可用性问题严重程度最轻,或不存在可用性问题,且如果显著性水平 α 为 0.05,则二者之间无显著差异。该结果同模拟系统可用性设计预期一致,说明实验材料诱发效果合格。

2)不同严重性的可用性问题对交互过程用户 SCL 均值的影响

对每名被试在与四个功能模块交互过程中的 SCL 数据分别取均值,得到四组与每个功能模块相对应的 SCL 均值数据。对 SCL 均值进行 Kolmogorov-Smirnov 正态性检验,检验结果如表 6-6 所示。如果显著性水平 α 为 0.05,则样本中 SCL 均值分布同正态分布无显著差异。

表 6-6　不同功能模块对应的 SCL 均值正态性检验结果

样本	Kolmogorov-Smirnov Z	概率 P 值
a	0.504	0.962
b	0.525	0.946
c	0.643	0.803
d	0.584	0.885

对被试 SCL 均值进行两配对样本 t 检验,检验结果如表 6-7 所示。结果表明,在显著性水平 α 为 0.05 下,可用性问题是否存在以及可用性问题严重程度对交互过程用户 SCL 均值影响并不显著。

表 6-7　被试 SCL 均值两配对样本 t 检验结果

配对样本	平均差异	差值样本标准差	差值 95% 置信区间	t 值	概率 P 值
a vs. b	0.19	1.39	[−0.48,0.86]	0.583	0.567
a vs. c	0.24	1.31	[−0.61,0.66]	0.079	0.938
a vs. d	0.05	0.84	[−0.35,0.25]	0.256	0.801

续表

配对样本	平均差异	差值样本标准差	差值 95%置信区间	t 值	概率 P 值
b vs. c	−0.16	0.83	[−0.56,0.24]	−0.855	0.404
b vs. d	−0.14	1.25	[−0.74,0.46]	−0.479	0.638
c vs. d	0.03	0.96	[−0.44,0.49]	0.115	0.910

注：t 分布自由度均为 18。

信息系统中可用性问题严重程度不同功能模块对应的被试去基线状态 SCL 均值如图 6-8 所示，被试在与功能模块(d)交互过程中的 SCL 均值最接近平静状态下的水平。

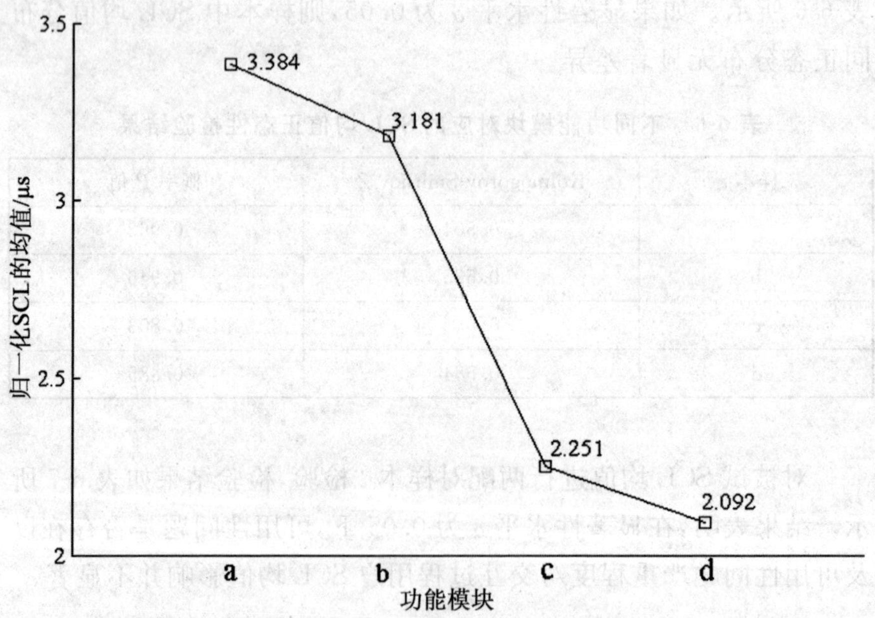

图 6-8　去基线状态的 SCL 数据均值

结合信息系统人机交互过程用户情绪、动作视频记录以及实验后访谈，结果表明，在人机交互过程中，实验中模拟信息系统功能模块若存在严重可用性问题，尤其是用户几乎不能使用时，用户 SCL 会处在较低水平，这主要是由于功能模块存在的严重可用性问题使用户产生挫败感，甚至会放弃努力，个体情绪状态和认知负荷水平更加接近平静状态，进而导致体现用户情绪唤醒水平的 SCL 较低。

3)不同严重性的可用性问题对交互过程用户 SCL 一阶差分绝对值均值的影响

对每名被试在与信息系统的四个功能模块交互过程中的 SCL 数据分别取一阶差分绝对值的均值，与每个功能模块相对应的四组 SCL 一阶差分绝对值均值统计结果如表 6-8 所示。

表 6-8　不同功能模块对应的 SCL 一阶差分绝对值均值统计结果

功能模块	样本数目	均值	标准差	最小值	最大值
a	19	0.022	0.037	0.004	0.169
b	19	0.012	0.008	0.003	0.033
c	19	0.015	0.007	0.005	0.031
d	19	0.012	0.006	0.004	0.025

对 SCL 一阶差分绝对值均值进行 Kolmogorov-Smirnov 正态性检验，如果显著性水平 α 为 0.05，则四组样本正态性假设不能全部成立。对四组样本 SCL 一阶差分绝对值均值做两配对样本 Wilcoxon 符号秩检验，检验结果如表 6-9 所示。

如果显著性水平 α 为 0.05，被试同功能模块(a)、功能模块(c)交互过程 SCL 一阶差分绝对值均值差异不显著；被试同功能模块(c)、功能模块(b)交互过程 SCL 一阶差分绝对值均值差异显著；被试同功能模块(c)、功能模块(d)交互过程 SCL 一阶差分绝对值均值差异亦显著。如果显著性水平 α 为 0.10，则被试同功能模块(a)、功能模块(d)交互过程 SCL 一阶差分绝对值均值差异亦显著。该结果表明，人机交互过程中，当信息系统功能模块存在可用性问题及可用性问题严重程度更高时，被试的 SCL 一阶差分绝对值均值会发生显著变化，用户 SCL 的变化速度将变缓。结合人机交互过程用户情绪、动作视频记录以及实验后访谈，可以发现这主要是由于当功能模块存在可用性问题，甚至出现可能影响使用的严重可用性问题时，用户会更加专注于解决问题或者放弃努力，均导致个体情绪状态和认知负荷的变化趋缓。

表6-9 被试SCL一阶差分绝对值均值两配对样本Wilcoxon符号秩检验结果

配对样本	Z值	概率P值
a vs. b	−0.362	0.717
a vs. c	−0.241	0.809
a vs. d	−1.851	0.064+
b vs. c	−2.012	0.044*
b vs. d	−0.885	0.376
c vs. d	−2.978	0.003*

注：* $p<0.05$；+ $p<0.10$

同时，如果显著性水平α为0.10，被试同功能模块(a)、功能模块(b)交互过程SCL一阶差分绝对值均值差异不显著；被试同功能模块(b)、功能模块(d)交互过程SCL一阶差分绝对值均值差异亦不显著。该结果说明，由于功能模块(b)存在可用性问题，但可用性问题又不严重，其与功能模块(a)、功能模块(d)可用性问题严重程度之间的差异并没有导致被试的SCL一阶差分绝对值均值，即变化速度发生显著变化。

4)结果讨论

由于生理信号敏感性、实时性以及客观性等特点，皮肤电导信号越来越多的应用于特定使用情境中的信息系统可用性问题检测中，因此必须首先明确信息系统可用性特征对于人机交互过程中用户皮肤电导变化的影响规律。

本节通过实验研究发现：(1)信息系统功能模块存在的可用性问题严重程度对于人机交互过程中用户SCL均值影响并不显著；(2)信息系统功能模块存在的可用性问题严重程度(尤其是较大的严重程度变化)对于人机交互过程中用户SCL一阶差分绝对值均值，即SCL变化速度的影响显著，表明该指标应用于信息系统可用性问题检测具有可行性;(3)当信息系统不同功能模块可用性问题严重程度的变化较小时(如相邻严重性程度等级变化),诱发的用户SCL一阶差分绝对值均值变化并不显著。

本节研究结果与已报道文献的研究结论是一致的。在信息系统可用性与用户皮肤电活动均值的研究中,Ward和Marsden针对网站信息系统可用性与用户电生理活动间关系的研究表明(Ward,Marsden,2003),虽然当信息系统中存在可用性问题时,用户的皮肤电活动会增强,但统计检验分析结果也同时表明,皮肤电活动均值的变化并不显著。事实上,在针对游戏过程中用户体验的研究中也发现(Mandryk et al,2006),对应不同水平的用户体验,个体皮肤电活动均值的变化并不显著。Ward和Marsden认为,上述研究结论的主要致因是信息系统可用性研究中相对宽松的可用性测试实验场景设计,由于信息系统用户的可用性感知高度依赖于信息系统使用情境,相对宽松的可用性测试实验场景是保证研究结论效度的必要前提,但同时,也正是由于实验场景的相对宽松特征使得采集得到的用户皮肤电活动数据容易受到噪声干扰,进而导致用户皮肤电活动均值变化不显著。本研究中,差分处理(其亦具有信号降噪功能)能够提高SCL信号对于可用性问题影响下用户情绪变化的灵敏度,也为上述观点提供了新的证据。

本书作者在同意上述分析的基础上,认为上述研究结论的可能致因还包括信息系统人机交互过程作为用户情绪刺激材料的长时性特征,长时性刺激材料诱发的个体皮肤电活动成分复杂,涉及用户的皮肤电导水平SCL、皮肤电导反应SCRs以及非特异性皮肤电导反应NS-SCRs等,且由于SCRs事件标记的困难性,不同成分往往难以有效隔离,在这种情况下得到的周期内皮肤电活动均值的物理意义以及对应的心理生理学意义将变得不再明显;而即便是对于采集和提取得到的用户皮肤电导水平SCL而言,周期内的数据也会存在波动,如图6-9所示(03号被试同功能模块b交互过程SCL数据),而造成SCL波动的原因则涉及了干扰噪声、非特异性皮肤电导反应 NS-SCRs 等，导致周期内皮肤电导水平 SCL 均值的解释更加困难，这也与章节 6.1.2 中作者提出的信息系统人机交互过程中用户皮肤电信号具有非线性、非平稳特征是一致的。

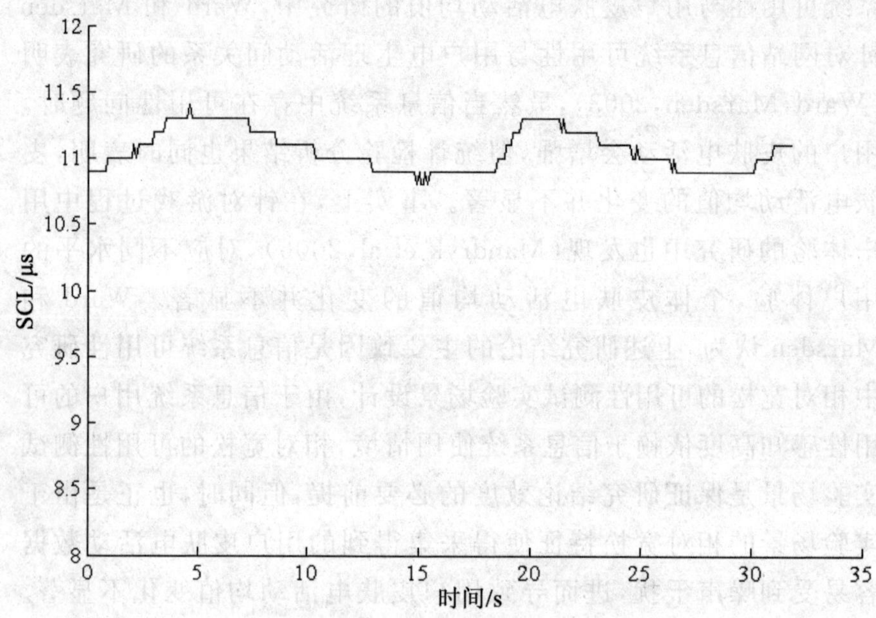

图 6-9　交互过程中 SCL 波动示意图

本研究中涉及信息系统可用性与用户皮肤电导水平 SCL 差分均值间关系的结论与已报道文献也存在一致性，例如，Foglia 等在针对网页导航标识可用性的研究中发现（Foglia et al,2008），对应于不同的信息系统导航标识模块可用性水平，用户的皮肤电活动差分处理结果的变化显著，即用户皮肤电活动变化速度的差异显著。

综合上述研究结论与分析，可以发现信息系统存在的可用性问题严重程度对于交互过程中被试 SCL 均值影响并不显著，对 SCL 一阶差分绝对值均值，即 SCL 变化速度的影响显著。同时，SCL 一阶差分绝对值均值变化是否显著受到可用性问题严重程度变化范围的影响，因此该指标应用于信息系统可用性问题检测具有可行性,但同时需要辅以其他的可用性评估手段。同时,本书作者基于上述分析认为,信息系统人机交互过程中,用户的 SCL 数据具有非线性、非平稳特征,导致其周期内均值的物理意义不明显,解释也变得更加困难。因此,在本章节后续研究中,将基于个体 SCL 数据的非线性、非平稳特征开展数据挖掘与特征提取,检验和分析信息系统可用性问题对于周期内用户皮肤电导水平 SCL 的影响。

6.3.2　基于总体平均经验模式分解的方法

如前所述,目前研究对于皮肤电信号的特征提取主要是时域均值特征,是建立在皮肤电发生系统具备线性、平稳特征的假设基础之上的(Bach et al,2010;Bach et al,2011;Bach,Friston,2013)。这与信息系统可用性测试过程中用户皮肤电信号及 SCL 成分的非线性、非平稳特征并不切合。因此,本节在信息系统可用性测试实验基础上,应用适用于非线性、非平稳信号处理的总体平均经验模式分解技术 EEMD(Ensemble Empirical Mode Decomposition)分析系统可用性测试过程用户 SCL 的变化特点,为基于用户皮肤电信号的可用性测试方法提供依据。

1. EEMD 分析及显著性检验方法

1)EEMD 原理及分析方法

EEMD 是一种噪声辅助数据分析方法(Wu,Huang,2009),其完全依靠信号本身的特征进行模式分解,同时也避免了经验模式分解 EMD(Empirical Mode Decomposition)过程中出现的模式混迭现象,在心电信号、心率变异性等生物电信号分析中得到成功应用(Blanco-Velasco et al,2008;Yeh et al,2010)。相较于传统的生物电信号分析技术,EEMD 不需要信号的线性、平稳假设,具有更加广泛的适应能力。

EMD 能够将非线性、非平稳信号分解为若干个基本模式分量 IMF(Intrinsic Mode Function) c_i 和一个余项 r_n 之和(Huang et al,1998;陈略等,2009),即:

$$x(t) = \sum_{i=1}^{n} c_i(t) + r_n \tag{6-9}$$

IMF 满足如下条件:在整个时间序列中,极值点数与过 0 点数必须相等或者最多相差一个;在任意时间点上,由信号局部极大值确定的上包络线和由信号局部极小值确定的下包络线的均值为 0。各 IMF 的平均频率从大到小排列,被大致分解到不同频段中。余项 r_n 则代表了序列趋势。

EMD 方法的主要缺陷在于当信号中某个频段的分量不连续时,会出现模式混迭现象。EEMD 则利用了高斯白噪声具有频率均匀分布的统计特性,在待分析信号中加入高斯白噪声使其在不同尺度上具有连续性,进而实现抗混分解,其基本原理和主要分解步骤如下(陈略等,2009):

(1)设原始信号为 $x(t)$,多次加入均值为 0、幅值标准差为常数的高斯白噪声 $n_i(t)$,则加入第 i 次高斯白噪声后有:

$$x_i(t) = x(t) + n_i(t) \tag{6-10}$$

其中,要求加入的高斯白噪声既不影响信号中的有效高频成分极值点间隔的分布特性,又能改变信号中低频成分的极值点间隔的分布特性。通常采用比例系数 α 描述高斯白噪声的加入准则:

$$\alpha = \frac{\varepsilon_n}{\varepsilon_0} \tag{6-11}$$

式中:ε_n 为加入的高斯白噪声幅值标准差,ε_0 为原始信号幅值标准差。本章的研究中取 $\alpha = 0.1$。

(2)对 $x_i(t)$ 分别进行 EMD 分解,第 i 次加入高斯白噪声后分解得到的第 j 个 IMF 记为 $c_{ij}(t)$ 和余项 $r_i(t)$。

(3)将对应的 IMF 进行总体平均运算,最终得到 EEMD 分解后的 IMF 为:

$$c_j(t) = \frac{1}{N} \sum_{i=1}^{N} c_{ij}(t) \tag{6-12}$$

式中:$c_j(t)$ 为对原始信号进行 EEMD 分解得到的第 j 个 IMF,N

为加入高斯白噪声的次数,本节研究中取 $N=100$ 。

2)显著性检验方法

分解得到的 IMF 是否具有实际物理意义,抑或属于噪声,需要进行显著性检验。Wu 和 Huang 通过蒙特卡罗法对白噪声序列进行分析,发现白噪声的第 k 个 IMF 的能量谱密度均值 $\overline{E_k}$ 与平均周期 $\overline{T_k}$ 存在着如下关系(Wu,Huang,2004):

$$\ln \overline{E_k} + \ln \overline{T_k} = 0 \tag{6-13}$$

因此,可通过分析 IMF 能量谱密度-周期的分布关系判断其属性,即在以 $\ln \overline{T_k}$ 、$\ln \overline{E_k}$ 为轴的平面直角坐标系中,白噪声的 IMF 应分布在斜率为−1 的直线上。且可得到白噪声能量谱密度分布的置信区间:

$$\ln \overline{E_k} = -\ln \overline{T_k} \pm \beta \sqrt{\frac{2}{N}} \mathrm{e}^{\frac{\ln \overline{T_k}}{2}} \tag{6-14}$$

式中:N 为样本序列长度,β 为标准正态分布置信度决定的常数,如当置信度为 25%、50%、75%及 99%时,β 的取值分别为−2.326、−0.675、−0.0 及 0.675。如待检验 IMF 分量落在置信度曲线上及下方,则视其为白噪声,否则表明其通过显著性检验。

2. 信息系统可用性测试实验

被试为西安交通大学在校四年级本科生,共 16 人,其中 12 人为男性,4 人为女性。被试年龄在 19~24 岁之间(均值为 20.17 岁,标准差为 1.27 岁),身体健康,无精神疾病史,计算机应用熟练。其中,2 名被试因实验过程失误导致信号采集时间不足,其数据没有进入分析。

实验材料的选择过程遵循主要原则及过程如章节 6.2.2 所述。本研究使用模拟装备管理信息系统作为可用性测试对象,其功能模块界面如图 6-4(d)所示,该功能模块的可用性问题来自某装备信息系统案例,为设计层面的认知类问题,即界面提供的视觉线索与用户的认知习惯不统一。

实验设备及数据采集、实验程序、信息系统功能模块可用性问题严重程度调查问卷如章节 6.2.2 所述。

14 名被试对于被测信息系统该功能模块可用性问题主观评价均值为 3.58,标准差为 0.65,显示刺激材料有效。

3. 用户 SCL 信号 EEMD 分析

在采集得到的用户皮肤电导水平 SCL 数据非线性、非平稳假设下,本研究的数据分析包括以下步骤:(1)应用 EEMD 技术进行原始数据的模式分解,得到周期内 SCL 信号的变化趋势;(2)对 SCL 信号的 IMF 进行显著性检验,检测原始信号中包含的噪声成分;(3)对用户的 SCL 信号去噪去趋势重构,并对重构 SCL 信号进行分阶段功率分析;(4)应用统计检验技术,检验信息系统使用过程中,用户遇到可用性问题后 SCL 信号的变化是否显著。

以 03 号被试采集得到的 SCL 信号为例。原始信号如图 6-10 所示,信号采集时长 3 min,数据长度为 1 800 个点。其中,被试在 60 s 时进入"数据导入界面"操作阶段,即可认为在此时间节点后用户的操作过程遇到可用性问题。

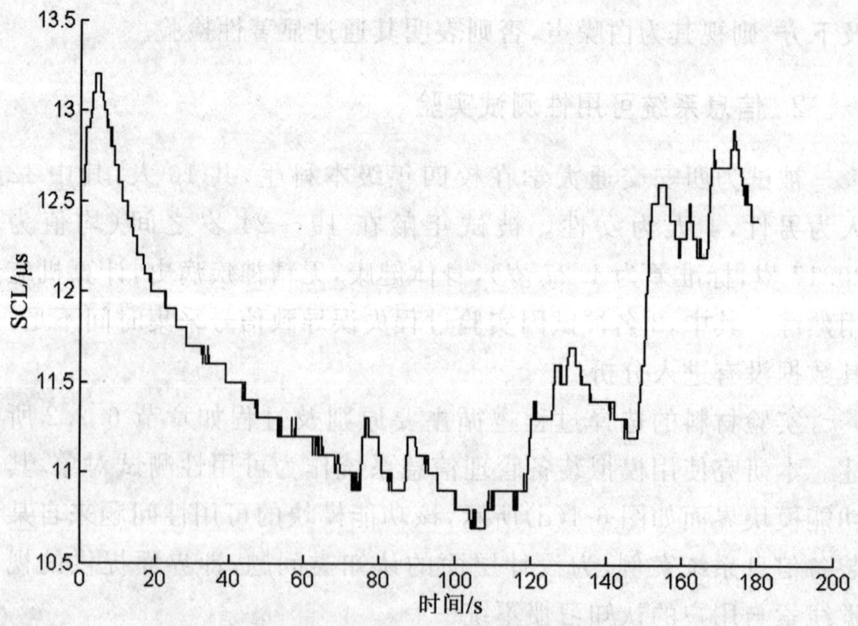

图 6-10 实验中 03 号被试采集得到的原始 SCL 信号

1)用户 SCL 信号变化趋势分析

对 03 号被试的 SCL 信号进行 EEMD 分解,得到 8 个 IMF 和余项,如图 6-11 所示。其中,余项 r 代表了 SCL 的周期内变化趋势。通过分析发现,该被试可用性测试过程中 SCL 信号的余项 r 并没有表现出单调递增或递减的变化趋势。

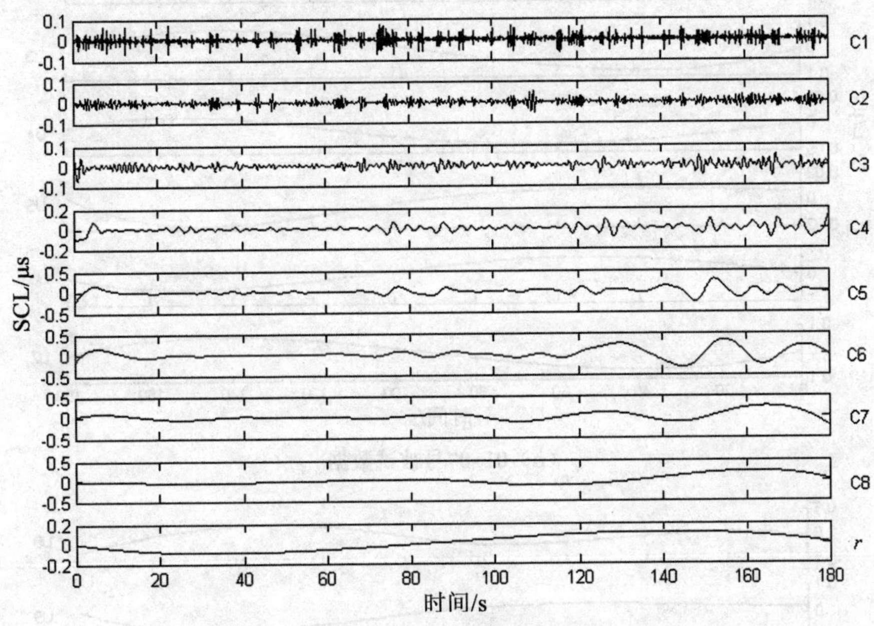

图 6-11　EEMD 分解得到的 IMF 和余项

将 14 名被试的 SCL 信号(其余 2 名被试的信号采集时间小于 3 分钟,即信号长度小于 1 800 个点)分别进行 EEMD 分解,提取其代表 SCL 变化趋势的余项 r,如图 6-12 所示。结果显示,被试的 SCL 信号均没有明显的单调趋势。

已报道的相关研究显示,在用户信息系统操作任务执行过程中,个体 SCL 的变化趋势一般表现为阶段性升高之后逐渐下降至平静状态水平,但特定刺激和压力会使 SCL 表现出升高趋势(Dawson et al,2007;Lawler,1980)。在本实验中,结合图 6-11、图 6-12 分析发现,“数据导入界面”可用性问题所诱发的 SCL 变化抑制了其衰减的趋势,且所诱发的用户情绪和认知负荷波动并没有达到使 SCL 升高的程度，因此用户的 SCL 维持在特定水平，单调趋势不明显，甚至出现正弦波特征（如 06 号被试）。

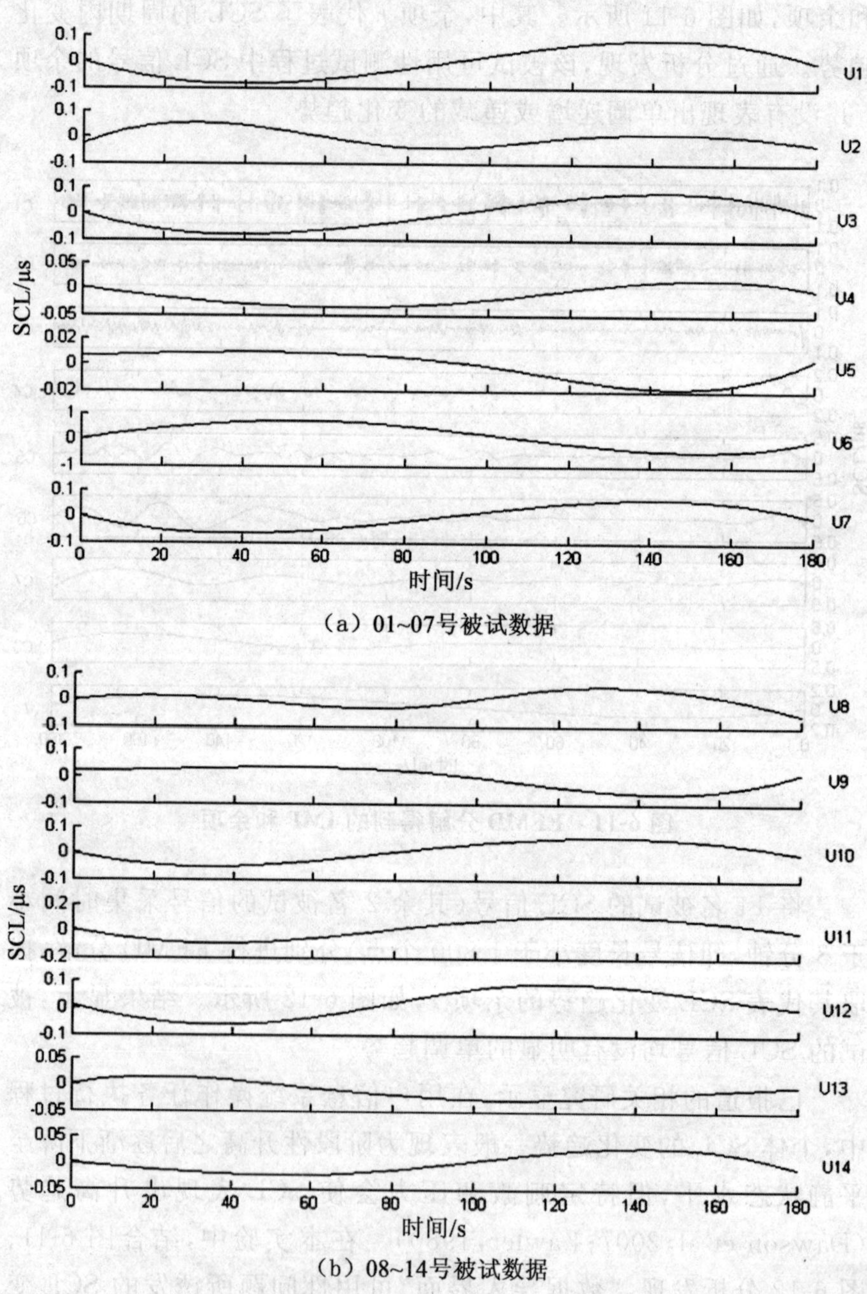

（a）01~07号被试数据

（b）08~14号被试数据

图 6-12 可用性测试过程被试 SCL 变化趋势

2)用户 SCL 信号去噪去趋势重构及功率分析

对 03 号被试 SCL 信号的 IMF 进行显著性检验,结果如图 6-13 所示。

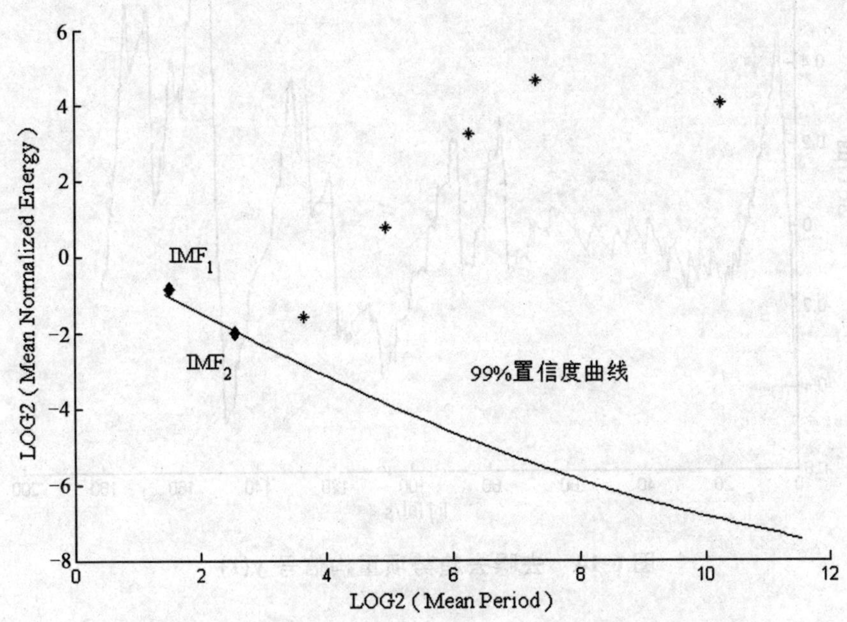

图 6-13　03 号被试 SCL 信号 IMF 显著性检验结果

令式(6-14)中 β 取值 0.675,可以得到 99%置信度曲线。可以发现,第 1、2 个 IMF 落在 99%置信度曲线上。结合图 6-11,作者认为第 3～8 个 IMF 较为显著,其余 IMF 为噪声分量。

对原始信号 $x(t)$ 进行去噪去趋势项重构:

$$y(t)=\sum_{i=3}^{8}c_i(t) \tag{6-15}$$

重构信号 $y(t)$ 如图 6-14 所示。其中,SCL 信号波动分为 3 个阶段:(1)任务执行的前 15 s,SCL 出现明显波动;(2)15～60 s 阶段,SCL 波动的幅度变小;(3)60 s 之后阶段,即被试任务执行过程遇到信息系统潜在的可用性问题时,SCL 的波动幅度明显变大。

与针对 03 被试的分析过程类似,对 14 名被试的 SCL 均进行基于 EEMD 的去噪去趋势项重构。

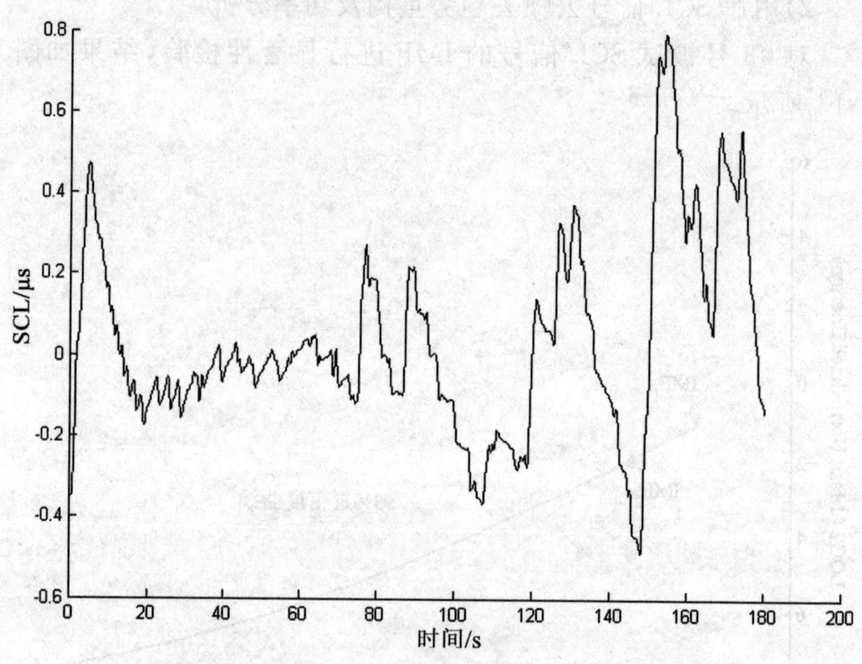

图 6-14　去噪去趋势项重构信号 $y(t)$

结合实验现场的观察、访问数据，每名被试 SCL 的重构信号分为 $A=\{y(t)\mid 0\ \mathrm{s}\leqslant t<15\ \mathrm{s}\}$、$B=\{y(t)\mid 15\ \mathrm{s}\leqslant t<60\ \mathrm{s}\}$ 及 $C=\{y(t)\mid 60\ \mathrm{s}\leqslant t<180\ \mathrm{s}\}$ 三个部分，分别计算其平均功率。对不同阶段重构信号平均功率进行 Kolmogorov-Smirnov 检验，A、B、C3 部分的概率 P 值分别为 0.010、0.005、0.010，即 3 个部分的平均功率分布在显著性 0.05 水平上均与正态分布差异显著。

因此，对 14 名被试 SCL 重构信号不同阶段的平均功率进行 Wilcoxon 符号秩检验。其中，A、B 部分检验结果，Z 检验统计量为－2.103(P＝0.035)，在 0.05 水平上差异显著，即被试 SCL 重构信号 B 部分平均功率显著小于 A 部分平均功率。B、C 部分检验结果，Z 检验统计量为－2.166(P＝0.030)，在 0.05 水平上差异显著，SCL 重构信号 C 部分平均功率显著大于 B 部分平均功率。

因此，从统计角度分析，在本实验信息系统可用性测试过程中，被试 SCL 基于 EEMD 的去噪去趋势项重构信号的功率在不同阶段之间的差异是显著的：在任务执行连贯时，该信号的平均功率显著降低，但在遇到可用性问题时，用户的情绪和认知负荷波动可导致该信号的平均功率显著提高。

4. 主要结论

针对信息系统可用性测试过程中用户 SCL 信号的非线性、非平稳特点，本节应用总体平均经验模式分解 EEMD 技术，分析信息系统可用性测试过程中用户 SCL 的变化特点。

结果表明：(1)信息系统潜在的可用性问题可引起被试情绪和认知负荷波动，导致其 SCL 信号的衰减趋势受到抑制，SCL 不具备明显的单调递增或递减趋势；(2)对 SCL 信号进行基于 EEMD 的去噪去趋势重构，重构信号分析表明，当被试遇到可用性问题时，其 SCL 的波动幅度明显变大；(3)对用户 SCL 去噪去趋势重构信号不同阶段的功率进行 Wilcoxon 符号秩检验，发现被试 SCL 重构信号的平均功率在不同阶段之间的差异是显著的。

因此，EEMD 技术作为一种适用于非线性、非平稳信号的自适应处理和分析技术，能有效提取信息系统可用性测试过程中用户 SCL 信号的缓变和瞬变特征，实现原始信号的去噪去趋势重构，为基于用户皮肤电信号的信息系统可用性测试提供有效的分析手段和工具。

6.3.3 基于波形特征的方法

基于信息系统人机交互过程用户 SCL 信号的非线性、非平稳特征，本节从用户 SCL 时域波形变化特征角度，应用非线性分析中的 Lempel-Ziv 复杂度（简称 L-Z 复杂度）分析方法，研究信息系统可用性问题对交互过程用户 SCL 信号时域复杂度特征的影响。

1. L-Z 复杂度

Lempel-Ziv 复杂度是由 Lempel 和 Ziv 提出的表征信号分类

特性的波形特征的数学工具，反映了一个时间序列随着序列长度的增加出现新模式的速率，复杂度越大，说明数据在窗口长度时间内出现的新模式越多(Talebinejad et al,2011;Gao et al,2007)。Lempel-Ziv 复杂度及其变形被广泛应用于生物电信号的特征提取和识别(Aboy et al,2006)，如特定疾病患者脑电信号复杂度特征提取(Abásolo et al,2006)、心率变异性研究(陈文伟等,2006)以及肌音信号特征分析(刘新元,闵一建,2011)等。

Lempel-Ziv 复杂度的提取是以信号重构(也称为信号的符号化)为基础的，且主要为二元重构。如 Kaspar 和 Schuster 提出的重构方法(Aboy et al,2006)，以信号时间序列 $\{f(i)\}$ 的时域算术平均值为门限，大于等于该值的 $f(i)$ 符号化为 1，否则为 0。二元符号化的重构方法存在着缺陷，尤其是对于小振幅信号的复杂度特征提取容易丢失原始信号中的很多信息(Talebinejad et al,2011)，因此，本研究采用多级量化编码的重构方法。设量化级数 N，令 $a = \min\{f(i)\}$ ，$b = \max\{f(i)\}$ ，则原始信号符号化重构得到的 $s(i)$ 基于如下算法计算：

$$\begin{cases} s(i) = j \; if \; a + j \times \dfrac{b-a}{N} \leqslant f(i) < a + (j+1) \times \dfrac{b-a}{N}, \\ \qquad j = 0,1,\cdots,N-1 \\ s(i) = N-1 \; if \; f(i) = b \end{cases} \tag{6-16}$$

这样就得到一个含有 N 个符号的重构数字序列 $\{s(i)\}$ ，$i = 1,2,\cdots,L$ 。其中 L 为信号序列的长度。

根据文献[271]可得归一化的 Lempel-Ziv 复杂度特征 $C(L)$ 为

$$C(L) = \frac{c(L)\log_N(L)}{L} \tag{6-17}$$

式中：$c(L)$ 为 Lempel-Ziv 复杂度。对 Lempel-Ziv 复杂度进行归一化处理的主要目的是克服一般复杂度对信号采样长度与采样频率的敏感性(陈文伟等,2006;Hu et al,2006;Zhang et al,2009)。

2. 研究方法

被试、实验材料、实验设备及数据采集、实验程序如章节

6.2.2 所述。

测试的实验信息系统功能模块界面为图 6-4(b)、图 6-4(d)所示。

归一化 Lempel-Ziv 复杂度的计算使用 Matlab R2009a 软件编程实现,其中量化级数 N 的选择并没有统一的标准(刘新元,闵一建,2011),本研究中结合 SCL 信号的波动幅度及特征提取需求,量化级数选择 $N=5$;使用 SPSS 16.0 进行描述性统计分析、两配对样本 Wilcoxon 符号秩检验。

3. 结果及讨论

1)实验材料有效性检验

被试对于两个功能模块可用性问题严重程度主观评价描述性统计结果如下:功能模块(b)的可用性问题主观评价均值为 1.42,标准差为 0.93;功能模块(d)的可用性问题主观评价均值为 3.42,标准差为 0.65。对功能模块可用性问题严重程度主观评价进行两配对样本 Wilcoxon 符号秩检验,Z 值为 -4.26,概率 P 值为 0.000,如果显著性水平 α 为 0.05,则两个功能模块的可用性问题严重度水平存在显著差异。该结果同模拟信息系统可用性设计预期一致,说明实验材料诱发效果合格。

2)用户 SCL 信号的 L-Z 复杂度特征分析

选用模拟装备管理信息系统可用性测试过程中 03 号被试同功能模块(d)交互过程 SCL 数据作为序列样本,分析信息系统存在可用性问题时用户 SCL 信号及一阶差分绝对值序列的归一化 Lempel-Ziv 复杂度特征变化。

交互过程用户的 SCL 数据序列样本如图 6-10 所示。同时,对原始信号 $\{f(i)\}$ 进行取一阶差分绝对值处理,则重构的信号 $\{D(i)\}$ 为

$$D(i)=|f(i)-f(i+1)|,i=1,2,\cdots,L-1 \tag{6-18}$$

新的信号序列 $\{D(i)\}$ 如图 6-15 所示,其表征了用户 SCL 信号的变化速率。同时,需要指出的是,根据 Bach 等提出的皮肤电

发生假说(Bach et al,2010),$\{D(i)\}$亦可解释为与用户皮肤电导水平 SCL 对应的交感神经系统活动信号。从信号处理角度分析,$\{D(i)\}$能够有效降低噪声的干扰,进而提高用户 SCL 信号 Lempel-Ziv 复杂度的集群程度和不同类的分离程度。

图 6-15　SCL 数据一阶差分绝对值

分别计算 $i=400,600,\cdots,1\ 800$ 时 $\{f(i)\}$ 和 $\{D(i)\}$ 归一化的 Lempel-Ziv 复杂度,计算结果如图 6-16 所示。

结合实验中信息系统可用性测试过程进行分析可以发现,$\{f(i)\}$ 和 $\{D(i)\}$ 归一化的 Lempel-Ziv 复杂度表现出不同的变化趋势。

$\{f(i)\}$ 归一化的 Lempel-Ziv 复杂度变化比较平缓,以 $i=1\ 000$ 和 $i=1\ 400$ 为节点可划分为 3 个阶段:第一阶段中复杂度比较低,结合图 6-10 分析,即用户 SCL 信号的周期性成分相对较大,SCL 信号在 $i=1\ 000$ 处出现波动后即呈现规律性地缓慢下降趋势,用户操作过程连贯,情绪和认知负荷没有出现较大波动;在中间阶段,复杂度逐步升高,而这正是用户操作过程遇到信息系统潜在可用性问题的时间段,其情绪和认知负荷出现显著波动的时期;在后一阶段,复杂度的变化趋缓且处于相对较高水平,即用户 SCL 信号的周期性成分相对变少，表现为出现复杂的波动，由于用户经历着努力寻找解决方案的时期，其情绪和认知负荷的变化较大。

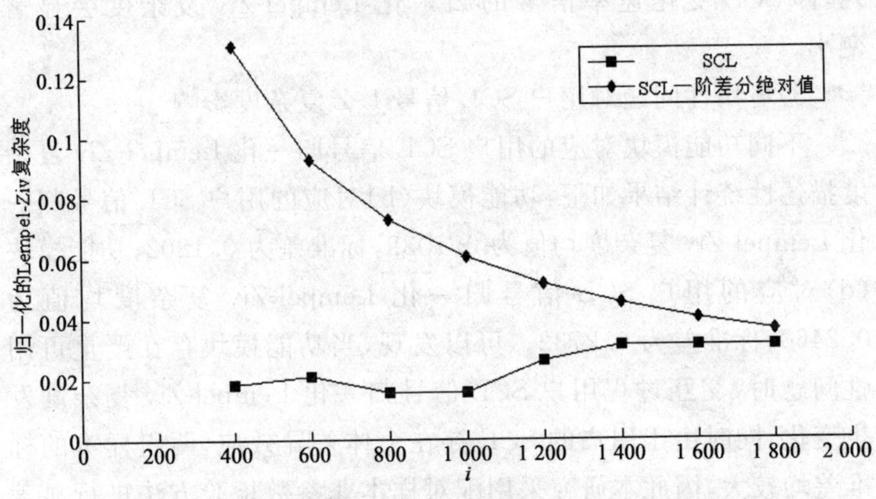

图 6-16　$\{f(i)\}$和$\{D(i)\}$归一化的 Lempel-Ziv 复杂度

$\{D(i)\}$归一化的 Lempel-Ziv 复杂度变化则相对剧烈，但以 $i=1000$ 为节点也表现出明显的阶段性特点：在前半阶段，复杂度较高且急剧下降，结合图 6-15 分析，即用户 SCL 信号变化速率的周期性成分相对较少，但同时周期性成分呈现出增多的趋势；在后半阶段，复杂度较低且变化趋缓，即用户 SCL 信号变化速率的周期性成分相对较多，同时，周期性成分增多的趋势保持不变。需要特别指出的是，$\{D(i)\}$ 归一化的 Lempel-Ziv 复杂度变化阶段节点，亦正对应着可用性测试过程用户遇到可用性问题的时刻。

因此可以发现，归一化的 Lempel-Ziv 复杂度较好地描述了信息系统存在可用性问题情形下的人机交互过程中用户 SCL 及其一阶差分绝对值序列的变化特点，可以用来定量地分析和评价信息系统可用性问题对于交互过程用户 SCL 及其一阶差分绝对值的时域波形变化特征。

在上述分析基础上，本研究对如下假设进行检验：(1)当被测信息系统存在可用性问题时，人机交互过程中用户 SCL 信号的归一化 Lempel-Ziv 复杂度会显著变大；(2)当被测信息系统存在可用性问题时，人机交互过程中用户 SCL 信号一阶差分绝对值序列，即 SCL 变化速率信号的归一化 Lempel-Ziv 复杂度会显著变小。

3)可用性问题对用户 SCL 信号 L-Z 复杂度影响

不同功能模块对应的用户 SCL 信号归一化 Lempel-Ziv 复杂度描述性统计结果如下：功能模块(b)对应的用户 SCL 信号归一化 Lempel-Ziv 复杂度均值为 0.1039，标准差为 0.1802；功能模块(d)对应的用户 SCL 信号归一化 Lempel-Ziv 复杂度均值为 0.2460，标准差为 0.2732。可以发现，当功能模块存在严重可用性问题时，交互过程用户 SCL 信号归一化 Lempel-Ziv 复杂度发生变化，同时由于用户的 SCL 存在个体差异效应，两组样本的标准差均较大，因此本研究采用配对样本非参数检验方法进行显著性分析。

对两组 SCL 信号归一化 Lempel-Ziv 复杂度做两配对样本 Wilcoxon 符号秩检验，Z 值为 -3.371，概率 P 值为 0.001，如果显著性水平 α 为 0.05，则功能模块(d)对应的用户 SCL 信号归一化 Lempel-Ziv 复杂度较功能模块(b)显著升高。

4)可用性问题对一阶差分 SCL 信号 L-Z 复杂度影响

不同功能模块对应的用户 SCL 信号一阶差分绝对值序列的归一化 Lempel-Ziv 复杂度描述性统计结果如下：功能模块(b)对应的用户 SCL 信号一阶差分绝对值序列的归一化 Lempel-Ziv 复杂度均值为 0.3427，标准差为 0.6215；功能模块(d)对应的用户 SCL 信号一阶差分绝对值序列的归一化 Lempel-Ziv 复杂度均值为 0.1251，标准差为 0.2753。可以发现，当功能模块存在严重可用性问题时，交互过程用户 SCL 变化速率，即 SCL 一阶差分绝对值序列归一化 Lempel-Ziv 复杂度发生变化，个体差异效应亦导致两组样本的标准差较大，因此采用配对样本非参数检验方法进行显著性分析。

对两组 SCL 信号一阶差分绝对值序列的归一化 Lempel-Ziv 复杂度做两配对样本 Wilcoxon 符号秩检验，Z 值为 -3.486，概率 P 值为 0.000，如果显著性水平 α 为 0.05，则功能模块(d)对应的用户 SCL 信号一阶差分绝对值序列的归一化 Lempel-Ziv 复杂度较功能模块(b)显著降低。

4. 主要结论

针对人机交互过程中用户皮肤电信号的非线性、非平稳特点，本节应用归一化 Lempel-Ziv 复杂度描述人机交互过程用户 SCL 信号的变化特征。

结果表明：(1)归一化 Lempel-Ziv 复杂度能较好地描述信息系统存在可用性问题情形下的人机交互过程用户 SCL 及其一阶差分绝对值序列的变化特点，用来定量地分析和评价信息系统可用性对于交互过程用户 SCL 及其一阶差分绝对值序列的时域波形变化特征的影响具有可行性；(2)实验及统计分析表明，信息系统可用性问题严重度对于交互过程中用户 SCL 及其一阶差分绝对值序列的归一化 Lempel-Ziv 复杂度影响显著，当信息系统功能模块存在可用性问题时，用户 SCL 信号的归一化 Lempel-Ziv 复杂度显著升高，其一阶差分绝对值序列的归一化 Lempel-Ziv 复杂度显著降低。该结果将为分析信息系统可用性问题对交互过程用户情绪和认知负荷的影响规律提供依据和支持。

6.4 本章小结

本节在可用性测试实验场景中，分析信息系统可用性问题对于人机交互过程中用户皮肤电导水平 SCL 的影响，分析不同可用性问题水平下用户情绪的 SCL 指标变化特点和规律，主要结论如下：

(1)用户 SCL 数据标准化预处理是信息系统可用性相关研究中的关键环节，主要目的是去除个体差异效应。结合文献综述分析，可用性测试实验数据 ROC 分析结果表明，基于修正 Z 分数法的 SCL 数据标准化法优势明显，在有效去除 SCL 数据的个体差异效应同时，较之于基于全距的标准化方法，具有不易受极端值影响的特征。因此，在信息系统可用性研究中，应推荐使用基于修正 Z 分数法的 SCL 数据标准化方法，而基于全距的标准化方法则应谨慎使用。

(2)以可用性测试实验为基础，研究发现信息系统可用性问题严重度对于人机交互过程中用户 SCL 均值影响并不显著，可用性问题严重度(尤其是较大的严重程度变化)对于人机交互过程中用户 SCL 一阶差分绝对值均值，即 SCL 变化速度的影响显著，表明该指标应用于信息系统可用性问题检测具有可行性；同时，由于可用性问题严重度的较小变化诱发的用户 SCL 一阶差分绝对值均值变化并不显著，因此该指标应用于信息系统可用性问题检测时需要辅以其他的可用性评估手段，如调查问卷、专家评估等。上述研究结果的可能原因包括相对宽松的可用性测试实验场景设计、用户皮肤电水平 SCL 数据的非线性、非平稳性特征等。

(3)在信息系统人机交互过程用户 SCL 信号的非线性、非平稳假设下，研究表明，信息系统潜在的可用性问题可引起被试情绪和认知负荷波动，导致其 SCL 信号的衰减趋势受到抑制，SCL 不具备明显的单调递增或递减趋势；对 SCL 信号进行基于 EEMD 的去噪去趋势重构，重构信号表明，当被试遇到可用性问题时，其 SCL 的波动幅度明显变大；对用户 SCL 的去噪去趋势重构信号不同阶段的功率进行 Wilcoxon 符号秩检验，结果显示被试 SCL 重构信号的平均功率在不同阶段之间的差异是显著的。上述结果表明，EEMD 技术运用于信息系统可用性问题影响下的用户 SCL 变化分析，能够有效去除数据中的噪声和趋势，在信号的非线性、非平稳假设下表征可用性问题对于用户 SCL 的影响。

(4)在信息系统人机交互过程用户 SCL 信号的非线性、非平稳假设下，实验及统计分析表明，信息系统可用性问题对于交互过程中用户 SCL 及其一阶差分绝对值序列的归一化 Lempel-Ziv

复杂度影响显著，当系统存在可用性问题时，用户SCL信号的归一化Lempel-Ziv复杂度显著升高，其一阶差分绝对值序列的归一化Lempel-Ziv复杂度显著降低。研究结果表明，归一化Lempel-Ziv复杂度能较好地描述信息系统存在可用性问题情形下的人机交互过程用户SCL及其一阶差分绝对值序列的变化特点，用来定量地分析和评价信息系统可用性对于交互过程用户SCL及其一阶差分绝对值序列的时域波形变化特征具有可行性。

上述结论表明，SCL信号能够有效指示信息系统可用性问题对于用户情绪的影响，但由于其非线性、非平稳特征，传统的时域均值指标在该主题研究中的灵敏度较低。因此，对于信息系统可用性问题与用户情绪关系的研究中要求：(1)应用适当的算法对用户SCL数据进行标准化预处理，以消除个体间的差异效应；(2)在特征提取前，应对用户SCL信号进行降噪处理，如差分方法等，在一定程度上能够提高SCL信号的灵敏度；(3)在信号非线性、非平稳假设基础上，可提取用户SCL信号的趋势、波动、功率、分形等特征，并以此为基础探讨信息系统可用性问题对于用户情绪生理维度的影响。

第 7 章　管理实践应用研究

前述章节的分析和讨论表明,在多维情绪模型视角下,信息系统可用性问题对于用户的情绪主观体验、生理反应等均会产生显著影响,进而降低用户对于信息系统的接受度、系统整体操作绩效等。本章以上述研究结论为基础,以案例研究、实验研究为主要方法,探讨本书研究主题及主要结论在管理学中的实践应用,分析其潜在的管理实践应用价值。

从本书研究选题角度出发,信息系统可用性问题对用户情绪的影响研究,分析和讨论的是"人—机—环境"系统中的人机关系。结合本书选题背景和研究目标,本章后续研究中的案例将聚焦于信息系统的可用性、人机适配关系的优化,以及该过程对于用户体验、系统绩效等方面的改善效果。

7.1　信息系统可用性优化对用户情绪主观体验的改善

通过前述章节的分析和讨论可以发现,信息系统中不同类型、严重度水平的可用性问题会诱发用户的负性情绪体验,且这种主观体验由于可用性问题的类型、严重度特征不同而存在着显著差异。本节在以上研究的基础上,运用其间的部分重点研究结论,通过案例研究的形式,探讨在管理实践中信息系统可用性优化对用户主观情绪体验的改善,并进行原因分析,从组织的管理实践层面对本书研究的部分结论进行验证和运用。

7.1.1　研究设计

本书第 4、5 章分别从主观情绪的维度取向、分类取向两个视角，讨论了信息系统可用性问题对于用户主观情绪体验的影响，并重点分析了可用性问题类型、严重度特征在其间的作用。本节的研究重点则集中于信息系统不同类型可用性问题的改进是如何影响用户情绪变化的，研究视角则主要采用分类取向。

基于文献综述分析，结合本节研究问题及目标，尤其是讨论类型特征对于信息系统可用性问题与用户情绪关系的影响机理，案例研究相比于大样本实证研究更贴合实际和研究目的，更有助于阐释“如何”的问题。

1. 研究方法

案例研究是基于事先发展的理论命题、依赖多重证据来源而开展的管理实证研究方法，是探究管理规律和建立管理理论的重要手段（郭文臣等，2016），包括探索性、描述性及因果性案例研究三大类别（Yin，2013），依据案例数量，也可以分为单案例和多案例研究两类（郑伯埙，黄敏萍，2012）。相较于其他实证研究技术和方法，案例研究对于“如何”类型研究问题、探究组织及个体行为现象背后隐含的管理学机制等具有比较优势（魏炜等，2016）。本节采用探索性单案例研究方法，主要原因包括：（1）本节研究聚焦于信息系统可用性问题对于用户情绪的影响，尤其是类型特征在上述变量间关系起着怎样且如何产生作用的，在现有文献资料有限的前提下，探索性案例研究基于丰富的数据，有助于构建新的知识；（2）单案例研究更加强调对单一管理现象的多维度、较长时期内的案例数据整理与分析，有助于对特定问题进行系统且深入的探讨，能够满足本研究目的需求；（3）通过综述研究已经发现，认知和评价在信息系统可用性对用户情绪影响中扮演着关键性角色和作用，这也构成了本研究的理论基础和起点，通过探索性单案例研究，针对研究主题拓展、构建新的机制模型，通过分析其与现有理论模式的契合度进行验证，在研究方法上具有可操作性。

2. 案例选择

本节以某军事工程大学自动化办公系统部署为案例研究样本，通过考察和分析不同部署阶段，自动化办公系统不同类型可用性问题是如何影响用户情绪变化的，拓展信息系统可用性问题对用户情绪影响的相关理论，主要理由如下：

（1）遵循案例研究理论抽样的原则，案例样本应具有典型性，能够显现或者延伸研究的理论模型对象（郑伯埙，黄敏萍，2012）。本章研究主题为考虑到类型特征的信息系统可用性问题对用户情绪的影响，案例研究样本中部署的自动化办公系统（测试版）存在着不同类型的可用性问题，在系统试用期间影响到了用户情绪，且用户群体的情绪在系统可用性优化完成后发生了变化。因此，案例故事与本章的研究目标之间是适配的。

同时，案例中自动化办公系统虽然为网络化办公软件，但是由于军事单位人员和信息管理的特殊性，系统在结构和功能架构上具有面向个人办公业务的相对独立性。具体地，在数据共享上，用户并不能访问其他层级或业务相关人员的数据，且办公设备（如打印设备等）数据也是独立的，没有实现共享；在业务流程上，用户对上、对下数据是通过数据流转接口实现的，业务处理数据的推送不能主动触发其他相关用户的业务流程，单个用户对于业务处理流程的感知是独立的。因此，案例中自动化办公系统具有信息系统的典型特征。

（2）案例研究样本中用户群体、组织文化及任务等的特征为研究目标的实现提供了可行性。案例中军事工程大学实行坐班制，且由于教学、科研及人事等通知皆由自动化办公系统分发、传输及处理，用户对于该信息系统的使用频率在 4～6 次/天，保证了其使用过程中的情绪体验是客观的、可靠的；同时，该学校办公管理制度严格，系统（测试版）部署在内部局域网，且只能通过内部论坛及电话反馈两种形式提交意见建议，为系统可用性问题分析提供了条件。

(3)案例研究样本数据收集具有便利性。研究人员通过对内部论坛、信息系统项目实施方及开发者、用户的访谈能够便利地获得研究所需的数据资料，且客观性、准确度高。

3. 数据搜集与分析方法

本节案例研究中的数据主要来自于三个方面：项目实施方及开发者的文档资料、内部论坛数据、用户访谈（同时辅以用户行为观察）数据。其中，内部论坛数据的时间跨度为系统（测试版）部署至系统（正式版）上线后一个月。用户访谈对象为该学校的 11 名系统用户（4 次/人，且分别针对测试版 3 次和正式版 1 次），访谈结合特定的信息系统可用性问题，围绕“系统使用时的情绪体验是什么?”及“诱发该情绪体验的主要原因是什么?”两个问题展开，主要形式为非结构化深度访谈。为了提高构念效度，研究中采用了基于多重数据来源的和基于多个受访者的两种形式三角验证。具体地，案例样本信息描述如表 7-1 所示。

表 7-1　案例样本信息描述

系统版本	内部论坛信息	实施方电话记录	访谈与行为观察用户
测试版	31 条留言 29 条回复	25 条	行政人员 5 名 技术干部 6 名 （男 7 名；女 4 名）
正式版	3 条留言 3 条回复	4 条	

在分析方法上，本研究主要采用了开放式编码和轴心式编码分析。其中，开放式编码分析通过对资料数据的整理和分析，发现信息系统可用性问题类型、用户情绪类别；轴心式编码分析的目的是建立概念类属之间的联系（魏炜等，2016），本章中则是发现信息系统可用性问题对用户情绪的影响关系。编码方案如表 7-2 所示。

表 7-2　数据编码方案

类别	编码	含义
可用性问题类型	[设计维度:FC(最底层 X 子类)/PC(顶层或中间层 Y 类)/NC);任务维度:FC(最底层 M 子类)/PC(顶层或中间层 N 类)/NC]	该可用性问题在设计维度取值为 FC(属于最底层 X 子类)或者 PC(属于顶层或中间层 Y 类)或者 NC(完全不属于任一类);该可用性问题在任务维度取值为 FC(属于最底层 M 子类)或者 PC(属于顶层或中间层 N 类)或者 NC(完全不属于任一类)
用户负性情绪	FZ、NH、YM、SW、QM、SQ、BNF、BMY、QF、JS、QT(XXX)	分别对应负性情绪类别:烦躁的、恼火的、郁闷的、失望的、轻蔑的、生气的、不耐烦的、不满意的、气愤的、沮丧的、其他(XXX)
可用性问题与用户情绪伴随关系	[设计维度:FC/PC/NC;任务维度:FC/PC/NC] → XXX	类型为[设计维度:FC/PC/NC;任务维度:FC/PC/NC]的可用性问题出现后,用户被诱发了 XXX(负性情绪类别)的负性情绪

7.1.2　案例与数据分析

1. 案例描述

某军事工程大学旧版自动化办公系统采购并部署于 2007 年,是一款成熟的产品,经过了市场的长期考验,用户体验较好,但因版本过低不能进行扩容升级。近年来,随着用户规模及业务量的急剧增加,旧版系统已不能满足学校教职员工的自动化办公需求。在这样的背景下,学校委托 M 公司基于 AWS BPM 业务流程管理平台开发了新版自动化办公系统,短时间内即实现了基本功能。新版自动化办公系统采用 B/S 结构,主要功能包括消息及文件的接收和保存、消息及文件的转发、新建并发送消息及附件、发送消息及附件的撤销、办公流程进度监控、历史消息及文件的查询、用户参数配置等。系统用户为该军事工程大学机关行政人员、院系教研人员及旅团主官，均有高等教育学历背景，计算机应用熟练。

系统（测试版）于 2016 年 3 月 1 日上线，部署于学校的局域网。同时，为了保证工作的持续性以及系统优化、用户适应的需要，新旧版办公自动化系统并行运行至 2016 年 3 月 31 日，之后旧版系统下线，数据由项目实施方强制转移至新版系统（正式版）。期间，系统用户可以通过内部论坛、电话反馈两种形式向实施方提交意见，在内部论坛及电话交流中，实施方成员做信息记录，并针对用户提交问题进行实时在线的反馈，如系统操作及参数设置方法、系统问题后续优化安排等。系统优化意见由实施方集中提交给系统开发方 M 公司，M 公司依据用户反馈意见对系统进行优化后于 3 月 31 日部署自动化办公系统（正式版）。

系统（测试版）运行期间，用户提交反馈意见主要集中于系统的可用性问题，同时在反馈意见中，尤其是在内部论坛用户的发帖消息里面，不可避免地夹杂了个人情绪。同时，需要指出的是，M 公司在对系统（测试版）进行优化时，并不是完全遵循了用户反馈意见，优化决策是项目实施方和 M 公司讨论会商的结果，也就是说，并不是用户提交的所有的系统（测试版）可用性问题都进行了优化设计。正是在这样的情形下，案例样本的纵向数据为探索不同类型可用性问题如何影响用户情绪提供了机会。

2. 案例分析

本节以存在不同类型可用性问题的院校自动化办公系统（测试版和正式版）为对象，通过对系统部署过程中的纵向数据资料分析，挖掘不同类型可用性问题改进和优化是如何影响用户情绪的。下面展示具体的案例分析过程。

1)不同类型可用性问题会诱发信息系统用户不同类别的情绪

该院校新版自动化办公系统部署过程中，系统（测试版）可用性问题诱发的用户负性情绪表现明显。对系统（测试版）运行期间的内部论坛发帖信息、电话记录及访谈资料进行编码分析，具体过程为：首先作者对发帖信息、电话记录资料进行阅读，整理出具体的信息系统可用性问题，并进行规范化描述；设计基于 UPT 的可用性问题类型编码方案（见表 7-2），本书作者及项目实施方、开发者共 3 人依据该方案对可用性问题类型进行编码，编码者间一致性系数 Kendall 值为 0.894，一致性较好；提取发帖信息中与可用性问题对应的用户情绪，同时，就同一可用性问题进行用户访谈，观察并记录访谈中用户表现或者描述的情绪类别。得到的系统可用性问题（共 8 个）及类型值、对应的用户情绪及可用性优化决策方案结果如表 7-3 所示。

其中，对任一可用性问题类型编码过程遵循如下规范：在设计维度对最底层子类进行遍历，如存在对应值，则在该维度类型值为 FC（最底层 X 子类）；否则，则对该维度顶层或中间层类进行遍历，如存在对应值，则在该维度类型值为 PC（顶层或中间层 Y 类）；否则，该维度取值为 NC。在任务维度的类型编码过程与之类似，并形成该可用性问题类型的编码。

表 7-3　案例数据编码结果

系统可用性问题			用户情绪	可用性优化决策方案
序号	可用性问题描述	类型值		
1	软件界面设计不够清晰，用户经常使用的“新建”、“刷新”等标签字体太小	设计维度：FC（视觉类屏幕文本子类） 任务维度：NC	烦躁的、恼火的	考虑到单页面信息容量需求，不做更改
2	软件界面标签为图形和文字并排形式，但必须点击图形标签才能有效访问，点击与之并列的文字标签则无效	设计维度：FC（语言类标签子类） 任务维度：NC	郁闷的、失望的	与该校其他信息系统风格类似，不做更改

续表

系统可用性问题			用户情绪	可用性优化决策方案
序号	可用性问题描述	类型值		
3	“待办”事项列表界面中的“邮件往来查询”图形标签是冗余的，系统并没有设置该项功能，点击无反馈	设计维度：FC（语言类无消息反馈子类） 任务维度：NC	轻蔑的	考虑到后续功能拓展，不做更改
4	软件界面标签功能内容及涵义不明确，“待办任务”和“未读通知”有何不同使人迷惑	设计维度：NC 任务维度：FC（任务图谱类功能子类）	烦躁的、气愤的、不耐烦的	删除“未读通知”，功能归并入“待办任务”项
5	系统对用户名和口令不能保存、提示，每次访问系统必须重新输入	设计维度：NC 任务维度：FC（任务便捷性类功能自动化子类）	生气的、不耐烦的	增加用户名、密码自动保存功能
6	系统接收的消息和文件必须先保存，然后新建事项进行发送，不能够直接转发	设计维度：NC 任务维度：FC（任务图谱类功能子类）	生气的、不满意的、烦躁的	在消息接收处理界面增加“转发”功能标签
7	处理接收到的消息时，如果打开其他窗口，则消息处理界面自动关闭，且该消息被归并到“已办”事项类别	设计维度：NC 任务维度：FC（任务便捷性类用户任务可控子类）	烦躁的、气愤的、沮丧的	删除消息处理界面自动关闭及归并功能
8	对于接收的消息及文件只能通过事项列表翻页及下拉条滚动查询	设计维度：NC 任务维度：FC（任务便捷类备选操作方案子类）	不耐烦的、不满意的	增加根据关键字查询功能

需要说明的是，表 7-3 中涉及新版自动化办公系统（测试版）可用性问题类型值是作者及项目实施方、开发者共同讨论的结果，是建立在对于问题出现原因的分析讨论基础之上进行编码的结论。例如，可用性问题（4）直观感觉是标签文本“待办任务”和“未读通知”表达不明确，经过讨论发现该问题的本质原因在于系统功能组织不合理，开发者将消息和文件处理过程分为阅读和办理两个阶段，而这与系统用户的办公习惯和认知并不一致，对于普通用户而言，消息及文件的阅读与办理是连贯统一的过程。基于此，该问题的类型值为[设计维度：NC；任务维度：FC（任务图谱类功能子类）]。同时，由于研究过程中，遵循案例研究操作规范，充分采集和运用了案例中的多源数据，可用性问题类型编码结果没有出现 PC 值，提高了研究结论的效度。

办公系统（测试版）可用性问题对应的用户情绪数据来自于内部论坛发帖信息及访谈资料的文本内容分析。例如，针对如下的发帖信息：

“调课申请界面怎么打不开？点击了标签 5、6 次都不行，郁闷……”

在提取出可用性问题（2）基础上，得到了用户对应的在使用过程中的情绪类别“郁闷的”；同时，在针对该可用性问题的访谈中，用户做了如下的阐释：

“这设计水平真 Low，让人失望，看到论坛里面的回复才知道，要进入调课申请界面必须点击图形标签才行。”

因此，针对可用性问题（2）又得到了对应的其他类别用户情绪，即“失望的”。总体来讲可以发现，该办公系统（测试版）可用性问题对应的用户情绪均为负性的，这也与预期一致；同时，对于不同的用户而言，同一个可用性问题，其对应的负性情绪类别并不一定一致，可能会存在差异。

结合表 7-2 和表 7-3，得到案例中信息系统可用性问题类型与对应的用户情绪间伴随关系如表 7-4 所示，可以发现信息系统可用性问题类型不同，诱发的用户负性情绪存在着差异。

表 7-4 信息系统可用性问题类型与用户情绪

序号	编码	含义
1	[设计维度:FC;任务维度:NC]→烦躁的、恼火的、郁闷的、失望的、轻蔑的	[设计维度:FC;任务维度:NC]类型可用性问题诱发的用户负性情绪涉及"烦躁的、恼火的、郁闷的、失望的、轻蔑的"
2	[设计维度:NC;任务维度:FC]→烦躁的、生气的、不耐烦的、不满意的、气愤的、沮丧的	[设计维度:NC;任务维度:FC]类型可用性问题诱发的用户负性情绪涉及"烦躁的、生气的、不耐烦的、不满意的、气愤的、沮丧的"

办公系统(测试版)可用性优化决策方案是项目实施方和开发者共同决策的结果,依据该方案对系统(测试版)进行了改进并正式部署上线。

2)不同类型可用性问题对用户情绪影响存在不同的学习效应。

学习效应是指信息系统使用过程中,人机交互事件对用户情绪的影响随着事件新鲜性的降低而减弱的现象(Picard,1997)。在信息系统可用性问题对用户情绪的影响中,不同类型的可用性问题对应的学习效应存在着差异,如表 7-5 所示,即[设计维度:FC;任务维度:NC]类型的信息系统可用性问题对于交互过程中用户情绪影响的学习效应相对较强,而[设计维度:NC;任务维度:FC]类型的信息系统可用性问题对于交互过程中用户情绪影响的学习效应则相对较弱。

表 7-5 可用性问题对用户情绪影响的学习效应

可用性问题类型	序号	涉及的用户负性情绪类别	论坛数据负性情绪呈现次数	用户访谈及观察数据中呈现次数均值
[设计维度:FC;任务维度:NC]	1	烦躁的、恼火的	1	0.7(8/11)
	2	郁闷的、失望的	1	1.0(11/11)
	3	轻蔑的	1	0.5(6/11)

续表

可用性问题类型	序号	涉及的用户负性情绪类别	论坛数据负性情绪呈现次数	用户访谈及观察数据中呈现次数均值
[设计维度:NC;任务维度:FC]	4	烦躁的、气愤的、不耐烦的	5	2.5(28/11)
	5	生气的、不耐烦的	3	2.0(22/11)
	6	生气的、不满意的、烦躁的	7	1.4(15/11)
	7	烦躁的、气愤的、沮丧的	4	2.9(32/11)
	8	不耐烦的、不满意的	7	2.4(26/11)

具体地,案例数据分析表明,一方面,[设计维度:FC;任务维度:NC]类型的信息系统可用性问题对于交互过程中用户情绪影响的学习效应相对较强。系统(测试版)运行期间,内部论坛针对可用性问题(1)、(2)及(3)的发帖信息中,发帖人除第一次表达特定类别负性情绪外,其他针对该问题与管理员之间的交流互动并没有表现出负性情绪;同时,以针对可用性问题(1)、(2)及(3)的第一次发帖时间为基点,之后的论坛发帖信息中无其他用户的相关发帖,进而也没有出现其他用户针对上述可用性问题的负性情绪表达;系统(正式版)部署上线后,在上述可用性问题依然存在的情况下,也没有出现对应发帖信息及用户负性情绪表达。用户访谈资料分析发现,新版自动化办公系统使用期间,在第一次遇到且解决可用性问题(1)、(2)及(3)情况下,用户在后续的使用过程中遇到上述问题时,用户并没有特定的负性情绪。综合以上结果可以发现,[设计维度:FC;任务维度:NC]类型的信息系统可用性问题对于用户情绪的影响,随着问题新鲜性的降低而急剧减弱,用户对于该类型的可用性问题越熟悉,可用性问题对于其情绪的影响越弱。

另一方面,[设计维度:NC;任务维度:FC]类型的信息系统可用性问题对于交互过程中用户情绪影响的学习效应则相对较弱。系统(测试版)运行期间,内部论坛针对可用性问题(4)、(5)、(6)、

(7)及(8)的发帖信息中，在实施方管理员做出解释说明情况下，其他用户跟帖回复并表达特定负性情绪的情形广泛存在；用户访谈资料分析发现，在系统(测试版)使用期间，用户每次遇到上述可用性问题，都会不同程度表现出负性情绪，尤其是“烦躁的、不耐烦的”情绪类型。综合以上结果可以发现，[设计维度：NC；任务维度：FC]类型的信息系统可用性问题对于同一用户的情绪影响往往是多次出现的，影响的持续性较强。

3)信息系统可用性问题类型不同的条件下，使用经验对于用户操作绩效的改善是不一样的，进而导致了前述分析中差异化的学习效应

用户行为观察表明，一方面，对于[设计维度：FC；任务维度：NC]类型的信息系统可用性问题而言，使用经验对于操作绩效的改善非常显著。例如，对于可用性问题(2)，当第一次使用时，用户发现点击标签中的文字是无效的，且用户会重复这种无效的点击 3 次以上，在这样的情况下，用户负性情绪会被诱发；通过电话、内部论坛咨询或者用户间交流等途径得到解决办法，即必须点击图形标签才能有效访问，之后的信息系统使用过程中用户的冗余、错误动作的发生将基本消失，相应的“郁闷的、失望的”负性情绪体验强度变得很低。又如，对于可用性问题(1)，当第一次使用，用户新建办公事项流程时会有 1～2 s 的停顿及扫视页面过程；但当用户使用 2～3 次后，同样的任务执行过程中用户停顿及扫视页面行为则很难观察到，其“烦躁的、恼火的”负性情绪体验强度很低，甚至消失。

另一方面，对于[设计维度：NC；任务维度：FC]类型的信息系统可用性问题而言，使用经验对于操作绩效的改善则相对有限。以可用性问题(5)为例，在系统(测试版)运行期间，用户每次登录将不得不重新输入用户名和口令，感觉非常繁琐，对应的“生气的、不耐烦的”负性情绪也被诱发；而在系统(正式版)中，该问题得到解决，允许用户选择系统保存用户名和口令，由于绝大部分办公行为发生在可信任的个人电脑，用户普遍选择了自动保存选

项，提高了登录效率。又如，对于可用性问题(6)来说，在系统(正式版)对该问题进行优化处理前，用户每次转发消息与文件将不得不通过新建事项的方式实现，而此时往往伴随着用户的抱怨。

总体来讲，案例中该军事工程大学新版自动化办公系统部署过程中，信息系统可用性问题、用户操作绩效及用户情绪呈现了如下关系，如表 7-6 所示。

表 7-6　信息系统可用性问题、用户操作绩效及用户情绪间关系

可用性问题类型	［设计维度：FC；任务维度：NC］	［设计维度：NC；任务维度：FC］
应用情境	由于单位性质原因，系统部署位置、用户、任务及使用环境具有纵向一致性	
存续阶段	测试版、正式版	测试版
首次出现	可用性问题 → 冗余操作与耗时（低绩效） → 负性情绪	可用性问题 → 冗余操作与耗时（低绩效） → 负性情绪
后续出现	使用经验 → 可用性问题 → 高效与快捷（高绩效） → 无负性情绪	使用经验 → 可用性问题 → 高效与快捷（高绩效） → 无负性情绪

在系统应用情境保持连续，具有纵向一致性基础上，可以认为，受到使用经验对于用户操作绩效改善效果的影响，不同类型的信息系统可用性问题对于用户情绪的影响表现出差异化的学习效应：如果较少的使用经验就能够显著改善用户的操作绩效，则该可用性问题诱发的用户负性情绪体验将很快减弱，甚至消失，表现出较强的学习效应；相对地，如果使用经验对于用户操作绩效改善的影响有限，则该可用性问题诱发的用户负性情绪体验将具有较强的持续性，表现出相对较弱的学习效应。

7.1.3 结果讨论

本节某军事工程大学自动化办公系统部署的案例数据分析表明:可用性优化能够改善用户情绪体验;不同类型可用性问题会诱发信息系统用户不同类别的负性情绪,且受到使用经验对于用户操作绩效改善效果的影响,存在着差异化的学习效应。

(1)案例分析结果验证了已有研究中信息系统可用性与用户情绪关系的结论,即信息系统可用性问题将诱发用户的负性情绪体验。在此基础上,分析结果也表明,可用性问题类型是信息系统可用性问题与用户情绪关系中的重要变量:一方面,不同类型的可用性问题诱发的用户负性情绪类别是不相同的;另一方面,不同类型可用性问题对用户情绪影响的学习效应也存在差异。因此,本节研究结果也是对现有研究的进一步拓展。

(2)文献研究综述表明,信息系统使用过程中,用户形成对于信息系统的认知和评价,进而诱发对应类别的情绪。同时,本节案例中纵向数据的分析结果表明,信息系统可用性问题类型不同的条件下,使用经验对于用户操作绩效的改善是不一样的,进而导致了差异化的学习效应。基于此,本书认为信息系统可用性问题对于用户情绪的影响过程中,负性情绪是在用户对于信息系统使用过程操作绩效的认知和评价基础上被诱发的。具体地,如果信息系统可用性问题显著影响了操作绩效(如提高了人机交互的成本、降低了操作效果等),则用户负性情绪会被诱发,而当使用经验或者信息系统可用性优化使得操作绩效显著提升时,则用户负性情绪体验强度降低,甚至消失。这就解释了本案例中针对[设计维度:FC;任务维度:NC]类型的信息系统可用性问题而言,虽然没有进行可用性优化,但是使用经验显著提高了用户解决该问题的能力和水平,操作绩效得到改善,信息系统可用性问题对于用户情绪影响的学习效应显著;而针对[设计维度:NC;任务维度:FC]类型的信息系统可用性问题而言,对应的学习效应相对较弱,但当系统可用性优化完成后,信息系统人机交互过程更加流畅,操作绩效同样也能够得到改善,因此,系统(正式版)部署后,用户在使用过程中很少被诱发负性情绪。

(3)本节案例研究结果的理论价值在于拓展了现有信息系统可用性与用户情绪关系的研究。通过对某军事工程大学办公自动化系统部署的案例分析,发现了不同类型信息系统可用性问题会诱发不同类别的用户负性情绪,且存在差异化的学习效应,揭示了用户对于信息系统使用过程操作绩效的认知和评价在其间扮演了重要的角色和作用。

在实践方面,本节案例研究结果对于信息系统可用性优化决策具有指导意义和价值。在信息系统可用性评估、优化过程中,应首先区分信息系统可用性问题的类型,在此基础上,不同类型可用性问题采取不同的应对策略:对于设计维度的可用性问题,可在用户测试基础上评估使用经验对于系统操作绩效的改善程度,如果学习效应相对较强,则后期应以加强用户使用培训、提高帮助文件的完备度、建立便捷的用户使用咨询渠道等措施为主;对于任务维度的可用性问题,应在用户行为分析基础上,建立信息系统可用性问题被触发的使用情境模型,分析发生原因,后期以信息系统可用性优化措施为主,尽量消除存在的可用性问题;同时,信息系统可用性优化决策中,在资源和时间有限的条件下,应给予任务维度的可用性问题较高的优先级排序。

同时,本节的研究还存在着局限和不足,主要体现在案例研究过程中,特定可用性问题诱发的用户负性情绪分析主要依据内部论坛发帖信息、用户访谈及行为观察资料,但已有研究表明,对于不同类别的情绪,尤其是在情绪体验强度相对较弱的情况下,用户对于特定类别的负性情绪评论发表意愿存在差异(Chen et al,2016),这就可能导致用户情绪不能有效表达、被遗漏等情况。因此,未来研究中可综合运用调查问卷、生理测量等多种实证研究技术和手段进一步验证和完善本章研究的主要结果和结论。

7.2 用户情绪生理反应在信息系统人机交互优化中的应用

自适应性和更高级层面的人机合作与协同，是工业4.0模式下智能装备控制方式发展的主要方向（周佳军，等，2017）。当前，智能化信息系统设备在军事指挥、企业办公、个人社交、交通工具等领域的发展方兴未艾，人工控制与自动控制相结合是其主要特征。主要原因在于，虽然随着自动控制、通信以及网络等技术的进步，各个领域信息系统功能的完全自动化在技术上具有可行性，但研究表明不受限制的系统功能自动化对于提升个体的生活、工作质量是不利的（Hancock，2014），人—信息系统设备间适度的功能分配依赖于具体的任务场景、环境及时机等诸多因素。同时，研究显示当人的操作被自动化设备替代时，用户的工作负荷从任务执行向系统监控、决策迁移，对个体认知资源需求增加，进而可能导致用户的精神负荷不降反升（Parasuraman，Byrne，2003），且常伴随着用户情境感知、应对能力的降低（Kaber et al，2000）。基于此，动态、自适应的人机功能分配模式在智能化信息系统设备设计和开发中被提出（Challenger et al，2013），个体行为、情绪、认知状态实时评估被广泛引入信息系统自适应人机交互过程（Ha，Lee，2015），其中，表征用户情绪/认知状态的心理生理学数据（如皮肤电活动、脑电等电生理信号）由于具有客观性、实时性等优势，被广泛应用于个人应用智能化信息系统，并作为信息系统设备输入使用（Fairclough，2008），显著提升了系统的自适应、低负荷特征，并拓展了人机交互通道（Ivonin et al，2015）。

在这样的背景下，本节以嵌入了基于个体情绪生理反应的人控转机控模块的模拟指挥信息系统为案例，综合运用案例分析与实验研究方法，探讨用户情绪生理反应实时监测与评估在信息系统中的应用，验证本书研究结论，尤其是信息系统可用性对用户情绪 SCL 水平影响的研究成果在管理实践领域的价值。

7.2.1 研究设计

1. 研究方法

本研究采用单案例研究与实验研究相结合的研究方法。

其中,单案例研究通过选择典型的个人应用智能化信息系统开发与应用实例,强调了针对单一案例多维度、长时期内案例数据的整理和分析,能够为用户情绪生理反应在信息系统人机交互优化中应用模式和效果的研究提供样本和数据支撑,且有助于建立针对该主题的新的领域知识。

实验研究中,将通过优化前后模拟指挥信息系统使用测试,从用户工作负荷、绩效以及完成任务数等三个指标进行比较分析,结合用户观察和访谈,定量分析引入用户情绪生理反应作为系统输入后的改善效果,并讨论其中的作用机制。

2. 案例选择

本研究以某模拟指挥信息系统为案例,考察用户情绪生理反应在信息系统人机交互优化中应用的实践效果,是对本书前述章节研究成果在理论和实践方面的拓展和深化。主要理由如下:

(1)本案例满足案例选择的典型性原则,能够显现理论研究的模型对象。本节研究主题为用户情绪生理反应在信息系统人机交互优化中的应用,探讨和分析用户电生理信号在智能化信息系统中的应用模式和效果。案例中涉及信息系统为军事领域面向用户(单操作号手)决策的指挥信息系统模拟装备,具有人工控制和机器控制两种操作模式,为了提高系统的人因可靠性及人机适配度,作者及所在研究团队成员在系统中嵌入了基于个体情绪生理反应的人控转机控模块,将用户实时皮肤电信号作为系统控制输入进行优化设计,形成了该模拟信息系统装备的两个版本,案例研究对象与本研究主题、预期目标一致。

(2)本案例中的模拟指挥信息系统装备及实验数据搜集便利。本书作者参与了该模拟指挥信息系统装备两个版本的设计和开发工作,对系统优化需求分析、方案论证、系统实现、效果评估等各个阶段熟悉,且整理了相关资料;改进前后版本的对比测试实验在作者单位开展,为实验组织、数据整理和分析提供了便利条件。

3. 实验设计

1)被试

实验被试为某军事工程大学四年级本科生 30 人,其中男生 15 人,女生 15 人,年龄 21～23 岁之间(均值 21.7 岁,标准差 1.21 岁)。被试均身体健康,无精神疾病史,计算机应用熟练。被试被随机分为 A、B 两组,每组 15 人。

2)实验材料

实验材料分别为某模拟指挥信息系统(初始版和改进版);系统主要功能为决策支持,其通过数据线与武器装备相连接,武器装备的实时状态数据通过数据线输入该指挥信息系统,系统输出为武器装备是否发射的控制指令;系统包括人工控制和自动控制(机器控制)两种方式,人工控制过程中由用户进行状态数据的分析和判读,并以此做出是否发射的控制指令,自动控制过程中由机器完成状态数据的分析和判读过程,如果状态数据满足预设条件则自动做出发射控制指令,否则终止流程。该模拟指挥信息系统(初始版)中,人工控制转换为自动控制的决策由用户依据对自身状态主观评估做出;而在该模拟指挥信息系统(改进版)中,由于嵌入了基于个体情绪生理反应的人控转机控模块,人工控制转换为自动控制包括两种实现方式,即用户依主观评估完成以及系统依据用户生理信号分析结果完成,且任一方式均可独立完成人工控制转换为自动控制过程。

3)实验任务

实验任务为若干个带间隔的离散型发射指挥决策。具体地，对于模拟指挥信息系统(初始版)而言，单个发射指挥决策任务中，武器装备状态数据由数据线导入并显示后，用户选择控制模式，人工控制模式中由用户决策是否发射，如果决策正确，则计 1 分，否则计 −10 分，自动控制模式中由系统决策是否发射，用户不计分；对于模拟指挥信息系统(改进版)而言，区别在于武器状态数据显示后，控制模式由用户选择完成或者由系统完成，即如果系统依据用户生理信号分析认为用户情绪/认知状态异常且不适合决策，则强制转换为自动控制模式，后续计分方式同上。

其中计分规则的设计主要依据是武器发射决策具有的任务关键型特征，决策失误造成的损失及后果影响巨大且深远，因此，实验中对失误的决策采取严厉惩罚型计分策略，体现了本研究的对象及任务情境特点。

4)实验程序

A 组使用模拟指挥信息系统(初始版)完成实验任务。每名被试单独进入实验室后，首先简要了解实验内容并签署知情同意书，填写个人基本情况资料。实验人员向其说明实验程序及注意事项，被试表示明确知晓后开始实验。信息系统初始设置为人工控制方式，呈现第 1 个决策任务，用户选择控制模式，人工控制模式中由用户决策是否发射，后台进行决策结果判断并显示计分；2 分钟后呈现第 2 个决策任务，后续流程同上；后续依次呈现决策任务，且任务间隔为 2 min。其中，如果用户选择了自动控制方式，则终止实验；如果实验进程持续至 30 min，则终止实验。

B 组使用模拟指挥信息系统(改进版)完成实验任务。区别在于武器状态数据显示后，控制模式由用户选择完成或者由系统完成，其余同 A 组实验程序。其中，如果用户或者系统强制选择了自动控制方式，则终止实验；如果实验进程持续至 30 min，则终止实验。

实验完成后，每名被试均填写美国航空航天局任务负荷指数

(National Aeronautics and Space Administration-Task Load Index, NASA-TLX)量表(Hart,Staveland,1988),实验人员确认计分、完成任务次数等数据保存完整,被试离开实验室。

5)实验数据采集

每名被试实验过程进行实时录像;用户绩效为计分,由系统后台自动进行;完成任务数(正确完成决策任务数与错误完成决策任务数之和)由实验室人员计数得到。

NASA-TLX 量表共包括脑力需求、体力需求(体现特定任务执行中被试体力活动对工作负荷主观感受的潜在影响)、时间需求、努力程度、业绩水平以及受挫程度等六个维度,每个维度得分在 0～100 分之间(度量单位为 5 分),其中业绩水平得分进行反向处理。在被试对 NASA-TLX 维度两两比较基础上获得每个维度的权重,基于权重得到被试执行实验任务的工作负荷总体得分。

统计分析使用 SPSS 16.0 软件完成。

7.2.2 案例与数据分析

1. 案例描述

为了提高训练的效率比,模拟训练装备在军事训练领域,尤其是战略、战役级武器装备操作训练中的应用越加广泛,同时伴随着仿真技术的进步,模拟训练装备的仿真度和训练效果也在逐步提升。本研究中的模拟指挥信息系统是某型武器装备的重要组成部分,在某军事工程大学专业课教学中应用于装备操作训练。该系统面向单个用户(操作号手)操作,有人工控制和自动控制两种模式,模拟了武器发射过程中的发射指挥决策系统平台,自 2008 年投入使用,应用效果满足了预期,显著提高了学员的动手实践能力。

为了验证智能化指挥信息系统新技术的可行性和有效性,对该模拟指挥信息系统(初始版)进行了优化升级,具体地,在原系统中嵌入了基于个体情绪生理反应的人控转机控模块。该模块的构思为,通过实时、连续地采集模拟指挥信息系统人工控制过程中用户(号手)的皮肤电信号,提取特定的指标特征,依据指标特征的实时变化评估并监测用户(号手)的情绪/认知状态的实时变化情况,判断其是否处于严重负性情绪、认知超负荷或精神疲劳状态,并以此为依据对人工控制转自动控制的操作转换进行辅助决策。该模块原型系统被嵌入模拟指挥信息系统,拓展了任务关键型信息系统人工控制操作向自动控制转换的模式和方法。

2. 案例分析

本研究通过对该模拟指挥信息系统优化需求分析、方案论证、系统实现、效果评估等各个阶段的分析,讨论用户情绪生理反应在信息系统人机交互优化中的应用模式及效果,具体的案例分析过程如下。

(1)个体电生理信号引入智能化信息系统的必要性体现在,特定情境下用户对于自身情绪/认知状态变化主观感知的不敏感。

任务关键型信息系统,特别是军事指挥信息系统的操作使用中,用户会表现出精神高度紧张以及持续决策任务导致的疲劳等问题,进而诱发用户的负性情绪(如沮丧、郁闷等)、认知超负荷等。在系统提供人工控制和自动控制两种方案的情形下,理想状态的用户应在感知到情绪、认知状态的异常或不适宜继续操作的条件下终止流程。但是,研究也表明,人的主观感知及决策能力是有局限的,性格、环境、努力程度等因素均会影响作业者的能力(郭伏,钱省三,2005)。因此,在操作实践中,指挥员已发现用户带情绪或者高度紧张操作的情形下,号手依旧在坚持既定流程而导致人因失误的现象不同程度存在。严重地,号手虽然知悉已经发生决策失误但由于精神紧张、外部偏见等因素而继续坚持人工控制操作,进而加剧人因失误的发生频率及严重度,如图 7-1。

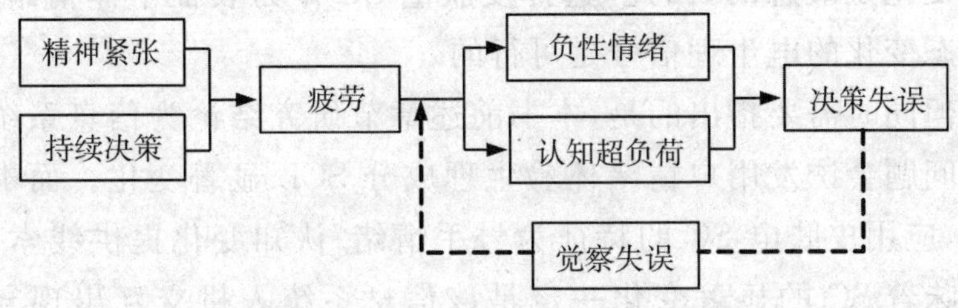

图 7-1　号手决策失误发生过程

正是在上述背景下，人因工程领域专家及工程师开始探索将能够更加灵敏、客观反映个体实时情绪、认知状态变化的个体电生理信号引入智能化信息系统，发挥生理信号快速、客观等优势，将之作为输入反馈融入信息系统（Stair，Reynolds，2003）。因此，本案例中将皮肤电活动作为个体电生理信号引入模拟指挥信息系统，存在着客观的必要性，是人因工程理论和技术在军事指挥信息系统领域的应用不断深化的阶段性成果。

(2)特定电生理信号的选择是任务场景、用户特征及技术条件等因素共同决定的结果。

本案例中选择皮肤电活动作为表征个体情绪/认知状态变化的电生理信号是模拟指挥信息系统使用情境中多因素共同决定的。依据多维度情绪模型，个体情绪生理成分可通过皮肤电 SC、心电 ECG、肌电 EMG、呼吸 RSP、脑电 EEG 等表征，且各有优势。但针对模拟指挥信息系统而言，人机交互过程中用户心电 ECG、肌电 EMG、脑电 EEG 信号的采集对于主任务的干扰比较大，信号采集位置、数据线连接等将干扰号手的操作；呼吸 RSP 信号则容易受到主观调控的影响，号手在操作环境、外部偏见等因素影响下，存在故意掩饰异常呼吸的可能性。相对来讲，皮肤电 SC 信号的采集也需要与人体皮肤间的接触，但可以将导线连接至号手的非利手，且具有不易受主观调控的优势。同时，考虑到指挥信息系统操作任务的高压力、高负荷特点，其诱发的情绪应是负性的，而具体地在不同环境中应是存在唤起度的差异，而正如本书前述研究结果显示的，皮肤电 SC 对于个体情绪生理体验唤醒程度的变化是敏感的，因此，选择皮肤电 SC 作为表征个体情绪/认知状态变化的电生理信号是可行的。

但同时需要指出的是，本书前述章节研究结论为信息系统可用性问题会诱发用户情绪体验生理成分 SCL 显著变化。而本案例中，应用皮肤电 SC 的特征为号手情绪/认知变化提供线索，并不意味着 SC 的显著变化一定是该信息系统人机交互出现异常（如系统可用性问题、持续且繁重任务导致号手负性情绪、精神疲劳等）而诱发的。

(3)个体电生理信号在信息系统中的引入对于提升系统人因可靠性及人机适配度是有效的。

从人因可靠性角度分析，由于模拟指挥信息系统（改进版）嵌入了基于个体情绪生理反应的人控转机控模块，能够更加实时、快速地感知用户可能的情绪/认知状态异常，并在此基础上强制转换系统控制模式，且与用户依据对自身状态主观评估进行控制模式转换相辅助，有效降低了人因失误事件发生概率，提高了系统整体人因可靠性水平。

从人机适配度角度分析，模拟指挥信息系统（初始版）是建立在号手具有全时复杂条件下的科学地情绪/认知状态自我主观判断、决策的假设基础之上的，与人的有限信息处理和认知能力的事实并不契合。从人因工程角度出发，系统优化改进过程中承认个体在特定条件下对于自我情绪/认知状态的判断可能会出现误差，且后续的决策过程可能会出现延迟或者失误，基于此系统嵌入基于个体情绪生理反应的人控转机控模块，是对用户信息处理及主观决策过程的辅助，降低了其工作负荷。

本节后续研究则运用统计技术定量分析系统优化改进效果。

3. 实验数据分析

本实验采集了两组被试在针对两个版本的模拟指挥信息系统操作中的工作负荷、绩效以及完成任务数等 3 个指标，统计分析结果如下所示。

1)系统改进对于用户工作负荷的影响

两个版本的模拟指挥信息系统用户A、B两组被试工作负荷的描述性统计结果如表7-7所示。

表7-7 两组被试工作负荷的描述性统计结果

模拟指挥信息系统	被试数目	均值	标准差
初始版	15	58.47	2.56
改进版	15	45.60	3.00

两组被试工作负荷的方差齐性检验值为0.081,概率P值为0.778,如果显著性水平α为0.05,则认为两组被试工作负荷的总体方差无显著差异。方差分析显示,$F_{(1,28)}=159.965$,概率P值为0.000,如果显著性水平α为0.05,则认为两组被试的工作负荷差异显著,即模拟指挥信息系统嵌入基于个体情绪生理反应的人控转机控模块后,用户基于改进版的信息系统进行决策任务时的工作负荷显著降低。

2)系统改进对于操作绩效的影响

两个版本的模拟指挥信息系统用户A、B两组被试操作绩效的描述性统计结果如表7-8所示。

表7-8 两组被试操作绩效的描述性统计结果

模拟指挥信息系统	被试数目	均值	标准差
初始版	15	1.47	5.84
改进版	15	5.60	5.03

两组被试操作绩效的方差齐性检验值为0.041,概率P值为0.842,如果显著性水平α为0.05,则认为两组被试操作绩效的总体方差无显著差异。方差分析显示,$F_{(1,28)}=4.316$,概率P值为0.047,如果显著性水平α为0.05,则认为两组被试的操作绩效差异显著,即模拟指挥信息系统嵌入基于个体情绪生理反应的人控转机控模块后,用户基于改进版的信息系统进行决策任务时的操

作绩效显著提高。

3)系统改进对完成任务数的影响

两个版本的模拟指挥信息系统用户 A、B 两组被试完成任务数的描述性统计结果如表 7-9 所示。

表 7-9　两组被试完成任务数的描述性统计结果

模拟指挥信息系统	被试数目	均值	标准差
初始版	15	10.27	0.70
改进版	15	8.47	1.13

两组被试完成任务数的方差齐性检验值为 2.742,概率 P 值为 0.109,如果显著性水平 α 为 0.05,则认为两组被试完成任务数的总体方差无显著差异。方差分析显示,$F_{(1,28)}=27.584$,概率 P 值为 0.000,如果显著性水平 α 为 0.05,则认为两组被试的完成任务数差异显著,即模拟指挥信息系统嵌入基于个体情绪生理反应的人控转机控模块后,用户基于改进版的信息系统进行决策任务时的完成任务数显著降低。

7.2.3　结果讨论

信息系统自动化程度的提高并不意味着其可用性水平的必然提升,高度自动化可能会导致用户认知能力需求的提升并加重其精神负荷,进而诱发用户情绪/认知的异常水平。在这样的情形下,与本案例中讨论的军事领域模拟指挥信息系统类似,信息系统一般均提供了人工控制和自动控制两种模式,并不同模式间可切换。同时,本书前述研究表明,SCL 特征能够有效指示可用性问题影响下的用户情绪生理系统变化,这就为设计基于用户电生理信号的控制模式转换模块提供了依据和线索,将人机交互过程中用户皮肤电 SC 变化嵌入信息系统具备技术可行性。

综合案例分析与实验数据分析结果可以发现,案例中信息系统嵌入了基于个体情绪生理反应的人控转机控模块,主要需求在于军事作战指挥情境中用户对于自身情绪/认知状态变化主观感知的不敏感，而人体电生理信号在表征情绪/认知状态变化方面具有快速、客观的优势，将之作为输入反馈融入信息系统具有客观必要性；而案例中信息系统之所以选择皮肤电 SC 信号作为输入反馈，是军事指挥决策任务场景、用户（号手）特征、电生理信号采集与分析技术条件等多因素共同决定的。

案例分析表明，皮肤电 SC 信号在模拟指挥信息系统中的引入对于提升系统人因可靠性及人机适配度是有效的，且实验数据分析结果也为该结论提供了佐证和证据支持。模拟指挥信息系统嵌入基于个体情绪生理反应的人控转机控模块后，用户基于改进版的信息系统进行决策任务时的工作负荷、完成任务数显著降低，同时工作绩效却显著提高。结合案例资料、实验观察以及用户访谈分析，上述结果的主要原因在于，模拟指挥信息系统嵌入基于个体情绪生理反应的人控转机控模块，用户清晰地觉察到该变化后对于自身情绪/认知状态判断、决策的认知需求降低，尤其是工作负荷的脑力需求维度显著降低，改善了决策任务中用户的工作负荷状态；同时，系统改进后，当用户的情绪/认知状态波动较大时，其皮肤电活动显著增强，当达到设定阈值时系统任务控制模式被强制转换为自动控制，因此，其完成任务数要显著降低；而相较于改进后的模拟指挥信息系统，用户依托系统初始版的决策虽然完成任务数要大，但决策失误概率却显著提高了，在严苛的惩罚型计分策略下，其操作绩效显著降低，实验数据分析结果中 A 组被试操作绩效较大的标准差也正是惩罚型计分策略、用户决策失误发生等因素共同影响的结果。

7.3　管理启示

本书前述研究结论及案例研究结果为组织管理决策、信息系统人因工程实施提供了如下的启示。

(1)落实“中国制造 2025”行动纲领，提升国产信息系统装备竞争力，需要微观层面的系统开发和优化工具，个性化可用性检查列表无疑是有效的支撑方法和手段。

在信息系统装备市场竞争日趋激烈的环境下，舒适甚至愉悦的用户体验将成为衡量信息系统产品质量的重要标准。本书研究及案例分析结果表明，在实现预期功能的前提下，信息系统的可用性特征会显著影响用户的使用体验，典型地，会显著地影响用户情绪。因此，在全球“工业 4.0”的浪潮中，研发及生产企业有必要在产品竞争战略制定过程中关注人因视角，对信息系统人因工程投入更多的资源，以对目标用户生理心理特征、行为习惯、情感偏好等的深入研究为基础，在满足用户的安全、健康、舒适的体验需求同时实现市场共赢。

在这样的背景下，作为实践层面的可用性指南，可用性检查列表具有与特定信息系统的领域知识及使用情境结合紧密、更适用于研究和工程人员使用等突出特点和优势，且经过本书中的案例研究得到理论证实，为可用性工程和管理提供了有效的手段和工具。同时，信息系统人因工程理论深度地根植于工程和管理实践，可用性检查列表工具的开发必然高度依赖于问题情境，因此，在管理实践中有必要紧密结合具体的可用性评价对象，设计和开发个性化的评价要素结构和评价准则集合，在保证结果完备度的同时，最大程度地提高评价结果的效度，以有效支撑企业微观层面的信息系统产品创新。

(2)可用性问题影响下的用户主观情绪评价结果为信息系统人因工程管理提供了依据，信息系统人因相关的决策过程应首先明确可用性问题的类型、严重度特征，进而提高决策的科学性。

首先，信息系统可用性优化决策中，当信息系统可用性问题明确地属于任务维度子类或严重度水平较高时，应给予其较高的优先级和可用性工程资源倾斜，尽快进行问题的消除；而对于明确地属于设计维度子类的可用性问题，如果可用性工程资源有限或存在约束，则可以采取较为经济的用户培训策略加以缓解，通过用户使用经验的培育和累积,降低可用性问题发生可能导致的不良后果。

其次,在信息系统可用性限值设计时,尤其是任务关键型的武器装备信息系统可用性限值论证时,任务对于系统可用性问题的容忍是基于用户行为后果、系统绩效等加以分析和讨论的。本书中信息系统可用性问题与用户主观情绪间关系的研究结果及案例启示,可用性限值论证应区别可用性问题的类型及严重度,提出差别化的可用性问题容忍阈值。这主要是由于,不同特征的可用性问题对于用户情绪的影响,存在着差异化的学习效应,使得其对于系统整体工作绩效影响的持续性明显不同。因此,武器装备信息系统可用性需求论证过程中,任务维度子类、高严重度水平的可用性问题是必须消除的,而其他类型的可用性问题则应给出针对性的缓解实施策略和措施。

同时,用户情绪管理和干预是信息系统成功的关键支撑要素环节,为了提高情绪管理和干预的针对性和有效性,有必要在信息系统可用性评价的基础上,提出和制定个性化的用户情绪管理和干预预案。本书研究表明,不同特征的信息系统可用性问题诱发的用户负性情绪类别、强度差异显著,明显地,对应的临床心理干预和治疗中采用的手段和方法必然也应该是不同的。因此,鉴于问题特征在信息系统可用性与用户情绪关系间扮演的重要作用,为了提高情绪管理和干预预案的科学性,有必要事先对信息系统可用性开展评价和分析,为后续方案的实施提供科学依据。

(3)个体生理反应指标能够客观、及时地反应用户情绪、认知状态变化,结合信息系统应用场景、任务特征及用户特点选择合适的生理指标嵌入信息系统,将能够显著提升智能制造“信息—物理系统”的人因可靠性及人机适配度。

任务关键型信息系统,特别是军事指挥信息系统的操作使用中,用户不可避免地会表现出精神高度紧张以及持续决策任务导致的疲劳等问题,进而诱发用户的负性情绪(如沮丧、郁闷等)、认知超负荷等。但在社会偏见效应等因素影响下,用户会出现对自身情绪/认知状态变化不敏感、持续带情绪操作等问题,不同程度地威胁到系统整体的可靠性和绩效水平。在这样的情形下,个体生理指标对于用户情绪及认知状态变化的指征所具有的实时、客观性,为改善人机适配关系提供了可行的技术路径和方案。

而对于娱乐消费型信息系统而言,具有实时情绪感知能力的拟人化信息系统无疑将显著提高产品的用户黏性。人具有显著的社会属性,人际交往需求是人类社会生活中不可或缺的组成部分,但同时大数据、互联网背景下的便携式、具有网络接入功能的电子产品的普及正悄然改变着人类社会的交往方式。尤其对于青少年消费群体而言,人机交互方式在人际交往中的比重越来越高,明显地,具有情绪感知能力的信息系统设备将能够改变其冰冷的角色定位,使信息系统设备的用户代理角色更加人性化、更加贴近于人际交往特征,进而提升用户的技术采纳和持续使用意愿。

同时需要强调的是,一方面,基于人体电生理信号的情感计算模块在信息系统中应用,并不意味着简单的人工过程的自动化,"工业 4.0"与工业过程自动化并不是简单的等同关系,而是面向操作绩效提升、用户体验改善等的多目标人机关系优化,且依赖于具体的任务场景、环境及时机等诸多因素的智能化。另一方面,由于情感计算技术不可避免地涉及了用户个体的生理或心理隐私,在组织管理与工程实践中有必要设计用户信息安全防护机制和措施,提高用户对于技术与系统使用的信任度和接受程度。

7.4 本章小结

前述研究结果表明,信息系统可用性问题会影响用户的情绪主观体验、生理反应,进而降低用户对于信息系统的接受度、系统整体操作绩效等。本章结合上述研究结论,通过某军事办公自动化系统可用性优化对用户主观情绪的改善、基于个体情绪生理反应的人控转机控模块在模拟指挥信息系统中的应用等案例的分析，探讨了本书研究主题及主要结论在管理学中的实践应用。

案例分析表明，信息系统可用性优化能够改善用户的情绪体验，同时，在信息系统可用性评估、优化过程中，应首先区分信息系统可用性问题的类型，在此基础上，不同类型可用性问题采取不同的应对策略；将表征用户情绪/认知状态的心理生理信号应用于面向个人应用智能化信息系统，具有客观必要性，且能够显著提高系统人因可靠性及人机适配度水平。上述研究结果，进一步证明了本书研究主题及主要结论在管理学实践中的价值和意义。

附录

主要符号表

AD-ACL	激活-去激活形容词检测表/Activation-Deactivation Adjective Check List
ANS	自主神经系统/Autonomic Nervous System
BES	基本情绪量表/Basic Emotion Scale
CNS	中枢神经系统/Central Nervous System
CSUQ	计算机系统可用性问卷/Computer System Usability Questionnaire
CUP	可用性问题分类方案/Classification of Usability Problem Scheme
DES	分化情绪量表/Differential Emotions Scale
ECG	心电/Electrocardiogram
EEG	脑电/Electroencephalogram
EMD	经验模式分解/Empirical Mode Decomposition
EMG	肌电/Electromyography
EEMD	总体平均经验模式分解/Ensemble Empirical Mode Decomposition
EOS	眼动模式/Eyes on Screen
ERP	事件相关点位/Event-related Potentials
FC	完全类/Full Classification
IMF	基本模式分量/Intrinsic Mode Function
MPUQ	手机可用性问卷/Mobile Phone Usability Questionnaire
NC	完全非类/Null Classification
NS-SCRs	非特异性皮肤电导反应/Nonspecific Skin Conductance Responses
ODC	正交分类方案/Orthogonal Classification Scheme
PANAS	积极-消极情感量表/Positive and Negative Affect Schedule
PC	部分类/Partial Classification

续表

PNS	外周神经系统/Peripheral Nervous System
PUTQ	普渡可用性调查问卷/Purdue Usability Testing Questionnaire
RCA	根原因分析/Root Cause Analysis
ROC	受试者工作特征/Receiver Operating Characteristic
RSP	呼吸/Respiration
SAM	自我评价小人模型/Self Assessment Manikin
SC	皮肤电导/Skin Conductance
SCL	皮肤电导水平/Skin Conductance Level
SCRs	皮肤电导反应/Skin Conductance Responses
SUMI	软件可用性测试列表/Software Usability Measurement Inventory
SUS	系统可用性量表/System Usability Scale
UAF	用户行动框架/User Action Framework
UPs	可用性问题/Usability Problems
UPCCI	基于循环交互的可用性问题分类/Usability Problems Classification using Cycle Interaction
UPT	可用性问题分类/Usability Problem Taxonomy
μS	微西门子

参考文献

[1] 李金华.德国“工业 4.0”与“中国制造 2025”的比较及启示 [J].中国地质大学学报(社会科学版),2015,15(5):71-79.

[2] 周佳军,姚锡凡,刘敏,等.几种新兴智能制造模式研究评述 [J].计算机集成制造系统,2017,23(3):624-639.

[3] 陆亚鹏,张彦坤.全球智能可穿戴设备发展动态 [J].世界电信,2016,(4):55-61.

[4] Richter S, Lechner U. Communication and performance of command and control teams: results of an exploratory team-shooter experiment [J]. The International C2 Journal, 2011, 5(2): 1-28.

[5] 赵大仁,何思长,孙渤星,等.我国“互联网+医疗”的实施现状与思考 [J].卫生经济研究,2016(7):14-17.

[6] Salles M. Decision-making and the information system: Advances in information systems [M]. London: ISTE Ltd and New Jersey: John Wiley & Sons Inc. 2015.

[7] Stair R M, Reynolds G W. Principles of Information Systems (6th edition) [M]. Stamford: Thomson Corporation, 2003.

[8] Cassell J, Sullivan J, Prevost S, & Churchill E. Embodied conversational agents [M]. Cambridge, MA: MIT Press, 2000.

[9] Hoc J-M. From human-machine interaction to human-machine cooperation [J]. Ergonomics, 2000, 43(7): 833-843.

[10] Nahin A N H, Alam J M, Mahmud H, et al. Identifying emotion by keystroke dynamics and text pattern analysis [J]. Behaviour & Information Technology, 2014, 33(9): 987-996.

[11] Venkatesh V, Davis F D. A theoretical extension of the technology acceptance model: Four longitudinal field studies [J]. Management Science, 2000, 46(2): 186-204.

[12] Marangunić N, Granić A. Technology acceptance model: a literature review from 1986 to 2013 [J]. Universal Access in the Information Society, 2015, 14(1): 81-95.

[13] 张亚军，张金隆，刘文兴，等. 信息系统前实施阶段用户抵制影响因素的实证分析 [J]. 管理评论，2015，27(5)：82-91.

[14] 张亚军，张金隆，张军伟. 工作不安全感对用户抵制信息系统实施的影响 [J]. 管理科学，2015，28(2)：80-92.

[15] 郑大庆，李俊超，黄丽华. "3Q"大战背景下的软件持续使用研究：基于修订的"期望-确认"模型 [J]. 中国管理科学，2014，22(9)：123-132.

[16] Lerner J S, Keltner D. Beyond valence: Toward a model of emotion-specific influences on judgement and choice [J]. Cognition & Emotion, 2000, 14(4): 473-493.

[17] Lerner J S, Li Y, Valdesolo P, et al. Emotion and decision making [J]. Annual Review of Psychology, 2015, 66(33): 1-25.

[18] Picard R W, Picard R. Affective Computing [M]. Cambridge, MA: MIT press Cambridge, 1997.

[19] Tao J, Tan T. Affective Information Processing [M]. London: Springer, 2009.

[20] Fairclough S H. Fundamentals of physiological computing [J]. Interacting with Computers, 2008, 21(1-2): 133-145.

[21] Nacke L E, Grimshaw M N, Lindley C A. More than a feeling: Measurement of sonic user experience and psychophysiology in a first-person shooter game [J]. Interacting with Computers, 2010, 22(5): 336-343.

[22]吴彬星，孙雨生，张智君. 产品可用性测试中的情绪评价 [J]. 应用心理学，2015，21(1)：87-96.

[23] Jin B S, Ji Y G, Choi K, et al. Development of a usability evaluation framework with quality function deployment: from customer sensibility to product design [J]. Human Factors and Ergonomics in Manufacturing & Service Industries, 2009, 19(2): 177-194.

[24] 郭伏，郝哲哲，许娜，等. 基于情感体验的应用软件可用性评估方法研究 [J]. 工业工程与管理，2013，18(2)：146-152.

[25] Huang Y, Chen C-H, Wang I-H C, et al. A product configuration analysis method for emotional design using a personal construct theory [J]. International Journal of Industrial Ergonomics, 2014, 44(1): 120-130.

[26] Lu W, Petiot J-F. Affective design of products using an audio-based protocol: Application to eyeglass frame [J]. International Journal of Industrial Ergonomics, 2014, 44(3): 383-394.

[27] Jeon M. Towards affect-integrated driving behaviour research [J]. Theoretical Issues in Ergonomics Science, 2015, 16 (6): 553-585.

[28] Pham M T. Emotion and rationality: A critical review and interpretation of empirical evidence [J]. Review of General Psychology, 2007, 11(2): 155-178.

[29] Mueller J H. Test anxiety, input modality, and levels of organization in free recall [J]. Bulletin of the Psychonomic Society, 1977, 9(1): 67-69.

[30] Darke S. Effects of anxiety on inferential reasoning task performance [J]. Journal of Personality and Social Psychology, 1988, 55: 499-505.

[31] Keinan G. Decision making under stress: Scanning of alternatives under controllable and uncontrollable threats [J]. Journal of Personality and Social Psychology, 1987, 52(3): 639-644.

[32] Roberts K R, Dimsdale J, East P, et al. Adolescent emotional response to music and its relationship to risk-taking behaviors [J]. Jour-

nal of Adolescent Health,1998,23(1):49-54.

[33] Brave S,Nass C. Emotion in human-computer interaction [M]. //Sears A,Jacko JA. The Human-Computer Interaction Handbook:Fundamentals,Evolving Technologies and Emerging Applications(2nd ed). New Jersey:Lawrence Erlbaum Associates,2008:77-92.

[34] Clore G C,Gasper K. Feeling is believing:Some affective influences on belief[M]. //Frijda NH,Manstead ASR,Bem S. Emotions and beliefs:How feelings influence thoughts. Cambridge,UK:Cambridge University Press,2000:10-44.

[35] Gross J J. Antecedent-and response-focused emotion regulation:divergent consequences for experience, expression, and physiology [J]. Journal of personality and social psychology, 1998,74(1):224-237.

[36] Kensinger E A. Negative emotion enhances memory accuracy:Behavioral and neuroimaging evidence [J]. Current Directions in Psychological Science,2007,16(4):213-218.

[37] Kaspar K,Gameiro R R,K Nig P. Feeling good,searching the bad:Positive priming increases attention and memory for negative stimuli on webpages [J]. Computers in Human Behavior, 2015,53:332-343.

[38] Ashkanasy N M. Emotion and performance [J]. Human Performance,2004,17(2):137-144.

[39] Richman L S,Kubzansky L,Maselko J,et al. Positive emotion and health:going beyond the negative [J]. Health Psychology,2005,24(4):422-429.

[40] Scioli A,Scioli-Salter E R,Sykes K,et al. The positive contributions of hope to maintaining and restoring health: An integrative,mixed-method approach [J]. The Journal of Positive Psychology,2016,11(2):135-148.

［41］ Haase C M, Holley S R, Bloch L, et al. Interpersonal emotional behaviors and physical health: A 20-year longitudinal study of long-term married couples ［J］. Emotion, 2016, 16(7): 965-977.

［42］ Wilson J R. Fundamentals of ergonomics in theory and practice ［J］. Applied Ergonomics, 2000, 31(6): 557-567.

［43］ 李志忠. 列车追尾事故的故障树分析兼谈复杂系统安全［J］. 工业工程与管理, 2011, 16(4): 1-8.

［44］ Robertson M M, Hettinger L J, Waterson P E, et al. Sociotechnical approaches to workplace safety: Research needs and opportunities ［J］. Ergonomics, 2015, 58(4): 650-658.

［45］ Salmon P M, Walker G H, M. Read G J, et al. Fitting methods to paradigms: are ergonomics methods fit for systems thinking? ［J］. Ergonomics, 2017, 60(2): 194-205.

［46］ Walker G H, Stanton N A, Salmon P M, Et Al. A review of sociotechnical systems theory: a classic concept for new command and control paradigms ［J］. Theoretical Issues in Ergonomics Science, 2008, 9(6): 479-499.

［47］ Venkatesh V, Davis F D. A model of the antecedents of perceived ease of use: Development and test ［J］. Decision Sciences, 1996, 27(3): 451-481.

［48］ Nielsen J. Usability Engineering ［M］. Boston: Academic Press, 1994.

［49］ Reeves S. Commentary: Usability in Vivo ［J］. Human-Computer Interaction, 2017, DOI: 10. 1080/07370024. 2017. 1324306.

［50］ Tractinsky N. The Usability Construct: A Dead End? ［J］. Human-Computer Interaction, 2017, 1-47.

［51］ Hornb K K. Commentary: Usability and Theory Building ［J］. Human-Computer Interaction, 2017, DOI: 10. 1080/07370024. 2017. 1321992.

［52］ Hertzum M. Commentary: Usability-a sensitizing concept

[J]. Human-Computer Interaction,2017,1-4.

[53] Bertelsen O W. Commentary: Usability and the Primacy of Practice [J]. Human-Computer Interaction,2017,DOI: 10.1080/07370024.2017.1321991.

[54] Hertzum M. Images of usability [J]. International Journal of Human-Computer Interaction,2010,26(6):567-600.

[55] Clarkson P J,Coleman R. History of inclusive design in the UK [J]. Applied Ergonomics,2015,46:235-247.

[56] Halln S L,Redstr M J. Slow technology-designing for reflection [J]. Personal and Ubiquitous Computing,2001,5(3): 201-212.

[57] Maguire M. Context of use within usability activities [J]. International Journal of Human-Computer Studies,2001,55 (4):453-483.

[58] Bevan N,Macleod M. Usability measurement in context [J]. Behaviour & Information Technology,1994,13(1-2): 132-145.

[59] Thomas C,Bevan N. Usability context analysis:a practical guide(Version 4.04)[R]. London:National Physical Laboratory,1996.

[60]Din E. 9241-11. Ergonomic requirements for office work with visual display terminals(VDTs)-Part 11:Guidance on usability [S]. International Organization for Standardization,1998.

[61] 王建冬.国外可用性研究进展述评 [J].现代图书情报技术,2009,(9):7-16.

[62] Wilson G M,Angela Sasse M. From doing to being: getting closer to the user experience [J]. Interacting with Computers,2004,16(4):697-705.

[63] Battarbee K,Koskinen I. Co-experience: User experience as interaction [J]. CoDesign,2005,1(1):5-18.

［64］ Hassenzahl M, Tractinsky N. User experience-a research agenda ［J］. Behaviour & Information Technology, 2006, 25(2): 91-97.

［65］ Naumann A B, Wechsung I, Schleicher R. Measurements and concepts of usability and user experience: Differences between industry and academia［C］ In: Kurosu M. (Ed.), Proceedings of the HCI International Conference. LNCS 5619. Berlin: Springer, 2009: 618-626.

［66］ Hertzum M, Clemmensen T. How do usability professionals construe usability? ［J］. International Journal of Human-Computer Studies, 2012, 70(1): 26-42.

［67］ Bevan N. Measuring usability as quality of use ［J］. Software Quality Journal, 1995, 4(2): 115-130.

［68］ Bevan N. International standards for HCI and usability ［J］. International Journal of Human-Computer Studies, 2001, 55(4): 533-552.

［69］ Hornb K K. Current practice in measuring usability: Challenges to usability studies and research ［J］. International Journal of Human-Computer Studies, 2006, 64(2): 79-102.

［70］ Harvey C, Stanton N A, Pickering C A, et al. A usability evaluation toolkit for in-vehicle information systems (IVISs)［J］. Applied Ergonomics, 2011, 42(4): 563-574.

［71］ 李倩，孙林岩，吴疆，等. 个人网上银行的可用性测试与评价 ［J］. 工业工程与管理，2008，13(6): 99-102.

［72］ Faliagka E, Rigou M, Sirmakessis S. A usability study of iPhone built-in applications ［J］. Behaviour & Information Technology, 2015, 34(8): 799-808.

［73］ Lewis J R. Usability: lessons learned… and yet to be learned ［J］. International Journal of Human-Computer Interaction, 2014, 30(9): 663-684.

［74］ Lin H X, Choong Y-Y, Salvendy G. A proposed index of usability: a method for comparing the relative usability of different software systems ［J］. Behaviour & Information Technology, 1997, 16(4-5): 267-277.

［75］ Brooke J. SUS: A "quick and dirty" usability scale ［M］. // Jordan P W, Thomas B, Weerdmeester B A, et al. Usability Evaluation in Industry. London: Taylor & Francis, 1996: 189-194.

［76］ Bangor A, Kortum P T, Miller J T. An empirical evaluation of the system usability scale ［J］. International Journal of Human-Computer Interaction, 2008, 24(6): 574-594.

［77］ Kortum P, Sorber M. Measuring the usability of mobile applications for phones and tablets ［J］. International Journal of Human-Computer Interaction, 2015, 31(8): 518-529.

［78］ Borsci S, Federici S, Bacci S, et al. Assessing user satisfaction in the era of user experience: Comparison of the SUS, UMUX, and UMUX-LITE as a function of product experience ［J］. International Journal of Human-Computer Interaction, 2015, 31(8): 484-495.

［79］ Lewis J R, Utesch B S, Maher D E. Measuring perceived usability: The SUS, UMUX-LITE, and AltUsability ［J］. International Journal of Human-Computer Interaction, 2015, 31(8): 496-505.

［80］ Lewis J R. IBM computer usability satisfaction questionnaires: psychometric evaluation and instructions for use ［J］. International Journal of Human-Computer Interaction, 1995, 7(1): 57-78.

［81］ Kirakowski J, Corbett M. SUMI: The software usability measurement inventory ［J］. British Journal of Educational Technology, 1993, 24(3): 210-212.

［82］ Ryu Y S, Smith-Jackson T L. Reliability and validity of the mobile phone usability questionnaire(MPUQ) ［J］. Journal of

Usability Studies,2006,2(1):39-53.

[83] Lee Y,Kozar K A. Understanding of website usability: Specifying and measuring constructs and their relationships [J]. Decision Support Systems,2012,52(2):450-63.

[84]Tractinsky N,Meyer J. Task structure and the apparent duration of hierarchical search [J]. International Journal of Human-Computer Studies,2001,55(5):845-460.

[85] 王颖,张侃. 时距估计在人机交互设计中的应用 [J]. 人类工效学,2009,15(3):58-60.

[86] Khajouei R,Peute L W,Hasman A,et al. Classification and prioritization of usability problems using an augmented classification scheme [J]. Journal of Biomedical Informatics,2011,44(6):948-957.

[87] Kushniruk A W,Triola M M,Borycki E M,et al. Technology induced error and usability: the relationship between usability problems and prescription errors when using a handheld application [J]. International Journal of Medical Informatics, 2005,74(7):519-526.

[88] Viitanen J,Hypp Nen H,L Veri T,et al. National questionnaire study on clinical ICT systems proofs: physicians suffer from poor usability [J]. International Journal of Medical Informatics,2011,80(10):708-725.

[89] Akers D,Jeffries R,Simpson M,et al. Backtracking events as indicators of usability problems in creation-oriented applications [J]. ACM Transactions on Computer-Human Interaction (TOCHI),2012,19(2):1-40.

[90] Wu L,Zhu Z,Cao H,et al. Influence of information overload on operator's user experience of human-machine interface in LED manufacturing systems [J]. Cognition,Technology & Work,2016,18(1):161-173.

[91] Alonso-Ríos D, Mosqueira-Rey E, Moret-Bonillo V. A taxonomy-based usability study of an Intelligent Speed Adaptation device [J]. International Journal of Human-Computer Interaction, 2014, 30(7): 585-603.

[92] Kahn M J, Prail A. Formal usability inspections[C]// Nielsen J, Mack R L. Usability Inspection Methods. New York: John Wiley & Sons, 1994: 141-171.

[93] Lavery D, Cockton G, Atkinson M P. Comparison of evaluation methods using structured usability problem reports [J]. Behaviour & Information Technology, 1997, 16(4-5): 246-266.

[94] Ham D-H. A model-based framework for classifying and diagnosing usability problems [J]. Cognition, Technology & Work, 2014, 16(3): 373-388.

[95] Chillarege R, Bhandari I S, Chaar J K, et al. Orthogonal defect classification-a concept for in-process measurements [J]. IEEE Transactions on Software Engineering, 1992, 18(11): 943-956.

[96] Leszak M, Perry D E, Stoll D. Classification and evaluation of defects in a project retrospective [J]. Journal of Systems and Software, 2002, 61(3): 173-187.

[97] Vilbergsdottir S G, Hvannberg E T, Law E L-C. Assessing the reliability, validity and acceptance of a classification scheme of usability problems(CUP) [J]. Journal of Systems and Software, 2014, 87: 18-37.

[98] Keenan S L, Hartson H R, Kafura D G, et al. The usability problem taxonomy: A framework for classification and analysis [J]. Empirical Software Engineering, 1999, 4(1): 71-104.

[99] Andre T S, Hartson H R, Belz S M, et al. The user action framework: a reliable foundation for usability engineering support tools [J]. International Journal of Human-Computer

Studies,2001,54(1):107-136.

[100] Ryu H, Monk A F. Analysing interaction problems with cyclic interaction theory: Low-level interaction walkthrough [J]. PsychNology Journal,2004,2(3):304-330.

[101] Hassenzahl M. Prioritizing usability problems: Data-driven and judgement-driven severity estimates [J]. Behaviour & Information Technology,2000,19(1):29-42.

[102] Nielsen, J. Severity ratings for usability problems [EB/OL]. [2017-08-01] http://www. nngroup. com/articles/how-to-rate-the-severity-of-usability-problems/.

[103] Kleinginna P R, Kleinginna A M. A categorized list of emotion definitions, with suggestions for a consensual definition [J]. Motivation and Emotion,1981,5(4):345-379.

[104] Pfister H-R, Wollst Dter S, Peter C. Affective responses to system messages in human-computer-interaction: Effects of modality and message type [J]. Interacting with Computers,2011,23(4):372-383.

[105] Christie I C, Friedman B H. Autonomic specificity of discrete emotion and dimensions of affective space: a multivariate approach [J]. International Journal of Psychophysiology,2004,51(2):143-153.

[106] Ringeval F, Eyben F, Kroupi E, et al. Prediction of asynchronous dimensional emotion ratings from audiovisual and physiological data [J]. Pattern Recognition Letters,2015,66:22-30.

[107] Isomursu M, T Hti M, V In M S, et al. Experimental evaluation of five methods for collecting emotions in field settings with mobile applications [J]. International Journal of Human-Computer Studies,2007,65(4):404-418.

[108] Scherer K R. What are emotions? And how can they be measured? [J]. Social Science Information, 2005, 44(4):

695-729.

[109] Russell J A. Core affect and the psychological construction of emotion [J]. Psychological Review, 2003, 110(1): 145-172.

[110] Moffat D. Personality parameters and programs [M]. // Trappl R, Petta P. Creating Personalities for Synthetic Actors. Berlin: Springer, 1997: 120-165.

[111] Davidson R J. On emotion, mood, and related affective constructs [M]. //Ekman P, Davidson R J. The Nature of Emotion. New York: Oxford University Press, 1994: 51-55.

[112] Frijda N H. Varieties of affect: Emotions and episodes, moods, and sentiments [M]. //Ekman P, Davidson R J. The Nature of Emotion. New York: Oxford University Press, 1994: 59-67.

[113] Darwin C. The expression of the emotions in man and animals [M]. London: HarperCollins, 1872/1998.

[114] Izard C E. Emotion theory and research: Highlights, unanswered questions, and emerging issues [J]. Annual Review of Psychology, 2009, 60: 1-25.

[115] Shweder R A. "You're not sick, you're just in love": Emotions as an interpretive system [M]. //Ekman P, Davidson R J. The Nature of Emotion. New York: Oxford University Press, 1994: 32-44.

[116] Ekman P. An argument for basic emotions [J]. Cognition & Emotion, 1992, 6(3-4): 169-200.

[117] 隋南. 生理心理学 [M]. 中国人民大学出版社, 2010: 220-223.

[118] Lange C G, James W. The emotions [M]. Philadelphia: Williams & Wilkins, 1922.

[119] Cannon W B. The James-Lange theory of emotions: A

critical examination and an alternative theory [J]. The American Journal of Psychology, 1927, 39(1/4): 106-124.

[120] Schachter S, Singer J. Cognitive, social, and physiological determinants of emotional state [J]. Psychological Review, 1962, 69(5): 379-399.

[121] Gross J J, Feldman Barrett L. Emotion generation and emotion regulation: One or two depends on your point of view [J]. Emotion Review, 2011, 3(1): 8-16.

[122] Siemer M, Mauss I, Gross J J. Same situation-different emotions: how appraisals shape our emotions [J]. Emotion, 2007, 7(3): 592-600.

[123] Bessiere K, Newhagen J E, Robinson J P, et al. A model for computer frustration: The role of instrumental and dispositional factors on incident, session, and post-session frustration and mood [J]. Computers in Human Behavior, 2006, 22(6): 941-961.

[124] Szameitat A J, Rummel J, Szameitat D P, et al. Behavioral and emotional consequences of brief delays in human-computer interaction [J]. International Journal of Human-Computer Studies, 2009, 67(7): 561-570.

[125] Ceaparu I, Lazar J, Bessiere K, et al. Determining causes and severity of end-user frustration [J]. International Journal of Human-Computer Interaction, 2004, 17(3): 333-356.

[126] Lazar J, Jones A, Shneiderman B. Workplace user frustration with computers: An exploratory investigation of the causes and severity [J]. Behaviour & Information Technology, 2006, 25(03): 239-251.

[127] Cohen I, Den Braber N, Smets N J, et al. Work content influences on cognitive task load, emotional state and performance during a simulated 520-days' Mars mission [J]. Computers

in Human Behavior,2016,55:642-652.

[128] Dianat I,Sedghi A,Bagherzade J,et al. Objective and subjective assessments of lighting in a hospital setting: implications for health, safety and performance [J]. Ergonomics,2013,56(10):1535-1545.

[129] Bodin Danielsson C,Chungkham H S,Wulff C,et al. Office design's impact on sick leave rates [J]. Ergonomics,2014,57(2):139-147.

[130] 乐国安,董颖红. 情绪的基本结构:争论,应用及其前瞻[J]. 南开学报(哲学社会科学版),2013,1:140-150.

[131] Izard C E. Basic emotions, natural kinds, emotion schemas, and a new paradigm [J]. Perspectives on Psychological Science,2007,2(3):260-280.

[132] Posner J,Russell J A,Peterson B S. The circumplex model of affect: An integrative approach to affective neuroscience, cognitive development, and psychopathology [J]. Development and Psychopathology,2005,17(3):715-734.

[133] Watson D,Clark L A,Tellegen A. Development and validation of brief measures of positive and negative affect: the PANAS scales [J]. Journal of Personality and Social Psychology,1988,54(6):1063-1070.

[134] Boehner K,Depaula R,Dourish P,et al. How emotion is made and measured [J]. International Journal of Human-Computer Studies,2007,65(4):275-291.

[135] Levenson R W,Ekman P,Friesen W V. Voluntary facial action generates emotion-specific autonomic nervous system activity [J]. Psychophysiology,1990,27(4):363-384.

[136] Kim J,Andr E. Emotion recognition based on physiological changes in music listening [J]. IEEE Transactions on Pattern Analysis and Machine Intelligence,2008,30(12):2067-2083.

[137] Stemmler G. The autonomic differentiation of emotions revisited: Convergent and discriminant validation [J]. Psychophysiology, 1989, 26(6): 617-632.

[138] Bradley M M, Lang P J. Measuring emotion: the self-assessment manikin and the semantic differential [J]. Journal of Behavior Therapy and Experimental Psychiatry, 1994, 25(1): 49-59.

[139] Izard C E, Dougherty F E, Bloxom B M, et al. The Differential Emotions Scale: A method of measuring the meaning of subjective experience of discrete emotions [M]. Naschville: Vanderblit University, 1974.

[140] Power M, Tarsia M. Basic and complex emotions in depression and anxiety [J]. Clinical Psychology & Psychotherapy, 2007, 14(1): 19-31.

[141] Thayer R E. Factor analytic and reliability studies on the Activation-Deactivation Adjective Check List [J]. Psychological Reports, 1978, 42(3): 747-756.

[142] Picard R W, Daily S B. Evaluating affective interactions: Alternatives to asking what users feel[C]//CHI Workshop on Evaluating Affective Interfaces: Innovative Approaches. New York: ACM, 2005: 2119-2122.

[143] Hsiao K-A, Chen L-L. Fundamental dimensions of affective responses to product shapes [J]. International Journal of Industrial Ergonomics, 2006, 36(6): 553-564.

[144] Seva R R, Gosiaco K G T, Santos M C E D, et al. Product design enhancement using apparent usability and affective quality [J]. Applied Ergonomics, 2011, 42(3): 511-517.

[145] Giacomin J, Bertola D. Human emotional response to energy visualisations [J]. International Journal of Industrial Ergonomics, 2012, 42(6): 542-552.

[146] Lavie T, Tractinsky N. Assessing dimensions of perceived visual aesthetics of web sites [J]. International Journal of Human-Computer Studies, 2004, 60(3): 269-298.

[147] Moshagen M, Thielsch M T. Facets of visual aesthetics [J]. International Journal of Human-Computer Studies, 2010, 68(10): 689-709.

[148] Weiss H M, Cropanzano R. Affective Events Theory: A theoretical discussion of the structure, causes and consequences of affective experiences at work. [J]. Research in Organizational Behavior, 1996. 18. (3): 1-74.

[149] Thüring M, Mahlke S. Usability, aesthetics and emotions in human-technology interaction [J]. International Journal of Psychology, 2007, 42(4): 253-264.

[150] Tuch A N, Roth S P, Hornb K K, et al. Is beautiful really usable? Toward understanding the relation between usability, aesthetics, and affect in HCI [J]. Computers in Human Behavior, 2012, 28(5): 1596-1607.

[151] Seo K-K, Lee S, Chung B D. Effects of perceived usability and aesthetics on emotional responses in different contexts of use [J]. International Journal of Human-Computer Interaction, 2016, 32(6): 445-59.

[152] Helander M, Tham M P. Hedonomics--affective human factors design[J]. Ergonomics, 2002, 46(13-14): 1269-1272.

[153] Mahlke S, Thüring M. Studying antecedents of emotional experiences in interactive contexts[C]//Proceedings of the SIGCHI conference on Human factors in computing systems. New York: ACM, 2007: 915-918.

[154] Baker R S, D'mello S K, Rodrigo M M T, et al. Better to be frustrated than bored: The incidence, persistence, and impact of learners' cognitive-affective states during interactions

with three different computer-based learning environments [J]. International Journal of Human-Computer Studies,2010,68(4):223-241.

[155] Reeves B,Nass C. How people treat computers,television,and new media like real people and places[M]. Cambridge,UK:CSLI Publications and Cambridge University Press,1996.

[156] Pfister H R,Oehl M. The impact of goal focus,task type and group size on synchronous net-based collaborative learning discourses [J]. Journal of Computer Assisted Learning,2009,25(2):161-176.

[157] Wilks Y. Introducing artificial companions [M]. //Wilks Y. Close engagements with artificial companions:Key social,psychological,ethical and design issues. Amsterdam:John Benjamins,2010:35-50.

[158] Walter S,Wendt C,B Hnke J,et al. Similarities and differences of emotions in human-machine and human-human interactions:what kind of emotions are relevant for future companion systems? [J]. Ergonomics,2014,57(3):374-386.

[159] 张勤,马费成. 国外知识管理研究范式——以共词分析为方法 [J]. 管理科学学报,2007,10(6):65-75.

[160] Hu J,Zhang Y. Research patterns and trends of Recommendation System in China using co-word analysis [J]. Information Processing & Management,2015,51(4):329-339.

[161] Ronda-Pupo G A,Guerras-Martin L á. Dynamics of the evolution of the strategy concept 1962-2008:a co-word analysis [J]. Strategic Management Journal,2012,33(2):162-188.

[162] Leydesdorff L. On the normalization and visualization of author co-citation data:Salton′s Cosine versus the Jaccard index [J]. Journal of the Association for Information Science and Technology,2008,59(1):77-85.

［163］ Wang Z, Zhao H, Wang Y. Social networks in marketing research 2001-2014: a co-word analysis ［J］. Scientometrics, 2015, 105(1): 65-82.

［164］ Hsu C-C, Chuang M-C. The relationship between design factors and affective response in personalized blog interfaces ［J］. Interacting with Computers, 2013, 26(5): 450-464.

［165］ Hu C-P, Hu J-M, Deng S-L, et al. A co-word analysis of library and information science in China ［J］. Scientometrics, 2013, 97(2): 369-382.

［166］ 原琳，彭明，刘丹玮，等. 认知评价对主观情绪感受和生理活动的作用［J］. 心理学报，2011，43(8)：898-906.

［167］ Nielsen J, Molich R. Heuristic evaluation of user interfaces ［C］//Proceedings of the SIGCHI Conference on Human Factors in Computing Systems, New York: ACM, 1990: 249-256.

［168］ Page C A K, Schadler A. A nursing focus on EMR usability enhancing documentation of patient outcomes ［J］. Nursing Clinics of North America, 2014, 49(1): 81-90.

［169］ Shneiderman B. Designing the user interface: strategies for effective human-computer interaction ［M］. Boston, MA: Addison-Wesley Reading, 2010.

［170］ Te'eni D, Carey J M, Zhang P. Human-computer interaction: Developing effective organizational information systems ［M］. Hoboken, New Jersey: John Wiley & Sons, 2005.

［171］ Ji Y G, Park J H, Lee C, et al. A usability checklist for the usability evaluation of mobile phone user interface ［J］. International Journal of Human-Computer Interaction, 2006, 20(3): 207-231.

［172］ Lee K I, Jin B S, Ji Y G. The scenario - based usability checklist development for home appliance design: A case study ［J］. Human Factors and Ergonomics in Manufacturing & Service

Industries,2011,21(1):67-81.

[173] Alroobaea R S,Al-Badi A H,Mayhew P J. Generating a domain specific inspection evaluation method through an adaptive framework:A comparative study on educational websites [J]. International Journal of Human Computer Interaction,2013,4(2):88-116.

[174] Alroobaea R S,Al-Badi A H,Mayhew P J. Generating an Educational Domain Checklist through an Adaptive Framework for Evaluating Educational Systems [J]. International Journal of Advanced Computer Science and Applications,2013,2013,4(8):194-200.

[175] Lim C,Lee S. Pedagogical usability checklist for ESL/EFL e-learning websites [J]. Journal of Convergence Information Technology,2007,2(3):67-76.

[176] Clark L A,Watson D. Constructing validity:Basic issues in objective scale development [J]. Psychological Assessment,1995,7(3):309-319.

[177] Tezza R,Bornia A C,De Andrade D F. Measuring web usability using item response theory:Principles,features and opportunities [J]. Interacting with Computers, 2011, 23(2):167-175.

[178] Oztekin A, Nikov A, Zaim S. UWIS: An assessment methodology for usability of web-based information systems [J]. Journal of Systems and Software,2009,82(12):2038-2050.

[179] Oztekin A, Kong Z J, Uysal O. UseLearn: A novel checklist and usability evaluation method for eLearning systems by criticality metric analysis [J]. International Journal of Industrial Ergonomics,2010,40(4):455-469.

[180] Boukhtouta A,Berger J,Guitouni A,et al. Description and analysis of military planning systems [R]. Quebec, Canada: DRDC

(Defence Research and Development Canada) Valcartier, 2005.

[181] Tarkkanen K, Harkke V, Reijonen P. Are we testing utility? Analysis of usability problem types [M]. In: Marcus A. (Eds.), Design, User Experience, and Usability: Design Discourse. Berlin Heidelberg: Springer-Verlag, 2015: 269-280.

[182] Gouin D, Vernik R, Wark S. Using large group displays to support intensive team activities in C2 [R]. Quebec, Canada: DRDC (Defence Research and Development Canada) Valcartier, 2011.

[183] Ravden S, Johnson G. Evaluating usability of human-computer interfaces: a practical method [M]. New York: Halsted Press, 1989.

[184] Nielsen J. Heuristic evaluation [M]. //Nielsen J, Mack R L. Usability Inspection Methods, New York: Wiley, 1994: 25-62.

[185] Wong-Parodi G, Fischhoff B, Strauss B. A method to evaluate the usability of interactive climate change impact decision aids [J]. Climatic Change, 2014, 126(3-4): 485-493.

[186] Wang C-M, Huang C-H. A study of usability principles and interface design for mobile e-books [J]. Ergonomics, 2015, 58(8): 1253-1265.

[187] Hartson H R, Andre T S, Williges R C. Criteria for evaluating usability evaluation methods [J]. International Journal of Human-Computer Interaction, 2001, 13(4): 373-410.

[188] Hvannberg E T, Law E L-C, L Rusd Ttir M K. Heuristic evaluation: Comparing ways of finding and reporting usability problems [J]. Interacting with Computers, 2006, 19(2): 225-240.

[189] Kanis H. Estimating the number of usability problems [J]. Applied Ergonomics, 2011, 42(2): 337-347.

[190] Lang, P. J, Bradley, M. M., & Cuthbert, B. N. International Affective Picture System (IAPS): Technical manual and

affective ratings [R]. Gainesville, FL: NIMH Center for the Study of Emotion and Attention, University of Florida, 1997.

[191] 袁加锦,李红.人类对情绪事件效价强度的易感性及神经机制[J].心理科学进展,2012,20(1):10-19.

[192] Yuan J, Zhang Q, Chen A, et al. Are we sensitive to valence differences in emotionally negative stimuli? Electrophysiological evidence from an ERP study [J]. Neuropsychologia, 2007, 45(12): 2764-2771.

[193] Meng X, Yuan J, Li H. Automatic processing of valence differences in emotionally negative stimuli: evidence from an ERP study [J]. Neuroscience Letters, 2009, 464(3): 228-232.

[194] Coon D. Introduction to psychology-Gateways to mind and behavior. Motivation and emotion [M]. Wadsworth: Thomson learning, 2000: 480-493.

[195] 袁加锦.情绪效价强度效应及神经机制研究[D].重庆:西南大学,2009,

[196] Yuan J, Yang J, Meng X, et al. The valence strength of negative stimuli modulates visual novelty processing: electrophysiological evidence from an event-related potential study [J]. Neuroscience, 2008, 157(3): 524-531.

[197] Barrett L F. Discrete emotions or dimensions? The role of valence focus and arousal focus [J]. Cognition & Emotion, 1998, 12(4): 579-599.

[198] Mauss I B, Robinson M D. Measures of emotion: A review [J]. Cognition and Emotion, 2009, 23(2): 209-237.

[199] Bradley M M, Miccoli L, Escrig M A, et al. The pupil as a measure of emotional arousal and autonomic activation [J]. Psychophysiology, 2008, 45(4): 602-607.

[200] Matthews A. Anxiety and the encoding of emotional information [M]. In Uttl B, Singenthaler A. & Ohta N. (Eds.),

Memory and Emotion: Interdisciplinary Perspectives. Malden, MA: Blackwell Publishing Ltd, 2006: 37-58.

[201] Libkuman T, Stabler C, Otani H. Arousal, valence, and memory for detail [J]. Memory, 2004, 12(2): 237-247.

[202] Kensinger E A. Remembering emotional experiences: The contribution of valence and arousal [J]. Reviews in the Neurosciences, 2004, 15(4): 241-252.

[203] Cahill L, Mcgaugh J L. Mechanisms of emotional arousal and lasting declarative memory [J]. Trends in neurosciences, 1998, 21 (7): 294-299.

[204] Storbeck J, Clore G L. Affective arousal as information: How affective arousal influences judgments, learning, and memory [J]. Social and Personality Psychology Compass, 2008, 2 (5): 1824-1843.

[205] Martindale C, Moore K, Borkum J. Aesthetic preference: Anomalous findings for Berlyne's psychobiological theory [J]. The American Journal of Psychology, 1990, 103(1): 53-80.

[206] Jerram M, Lee A, Negreira A, et al. The neural correlates of the dominance dimension of emotion [J]. Psychiatry Research: Neuroimaging, 2014, 221(2): 135-141.

[207] Lively K J, Heise D R. Sociological realms of emotional experience [J]. American Journal of Sociology, 2004, 109(5): 1109-1136.

[208] Demaree H A, Everhart D E, Youngstrom E A, et al. Brain lateralization of emotional processing: historical roots and a future incorporating "dominance" [J]. Behavioral and Cognitive Neuroscience Reviews, 2005, 4(1): 3-20.

[209] De Houwer J, Thomas S, Baeyens F. Association learning of likes and dislikes: A review of 25 years of research on human evaluative conditioning [J]. Psychological Bulletin, 2001,

127(6):853-869.

[210] Roseman I J. Appraisal determinants of emotions: Constructing a more accurate and comprehensive theory [J]. Cognition & Emotion,1996,10(3):241-278.

[211] Roseman I, Evdokas A. Appraisals cause experienced emotions: Experimental evidence [J]. Cognition and Emotion, 2004,18(1):1-28.

[212] Roseman I J. Appraisal in the emotion system: Coherence in strategies for coping [J]. Emotion Review, 2013, 5(2): 141-149.

[213] Fisher C D, Minbashian A, Beckmann N, et al. Task appraisals, emotions, and performance goal orientation [J]. Journal of Applied Psychology, 2013, 98(2):364-373.

[214] Tong E M, Teo A Q, Chia D Y. Ain't sure who to blame: Metacognitive influences on appraisal-emotion processes [J]. Motivation and Emotion, 2014, 38(5):673-686.

[215] Sonnemans J, Frijda N H. The structure of subjective emotional intensity [J]. Cognition & Emotion, 1994, 8(4): 329-350.

[216] Sonnemans J, Frijda N H. The determinants of subjective emotional intensity [J]. Cognition & Emotion, 1995, 9(5): 483-506.

[217] 钟杰，钱铭怡. 中文情绪形容词检测表的编制与信效度研究 [J]. 中国临床心理学杂志，2005，13(1)：9-13.

[218] 邱林，郑雪，王雁飞. 积极情感消极情感量表(PANAS)的修订 [J]. 应用心理学，2008，14(3)：249-254.

[219] 左衍涛，王登峰. 汉语情绪词自评维度 [J]. 心理科学进展，1997，2：56-60.

[220] 李嘉，刘璇，张朋柱. 支持模糊型任务的信息组织结构设计研究 [J]. 管理科学学报，2015，05：20-31.

［221］ Laumer S, Maier C, Weitzel T, Wirth J. Drivers and consequences of frustration when using social networking services: A quantitative analysis of facebook users[C]//Proceedings of Americas Conference on Information Systems. San Juan, Puerto Rico: Nova Southeastern University, 2015.

［222］ Fowles D C. Psychophysiology and psychopathology: A motivational approach [J]. Psychophysiology, 1988, 25 (4): 373-391.

［223］ Andreassi J L. Psychophysiology: Human behavior and physiological response [M]. Mahwah, NJ: Lawrence Erlbaum Associates, 2013.

［224］ Dawson M E, Schell A M, Filion D L. The electrodermal system [M]. //Cacioppo J T, Tassinary L G, Berntson G G. Handbook of Psychophysiology. Cambridge: Cambridge University Press, 2007: 200-223.

［225］ Scerbo A S, Freedman L W, Raine A, et al. A major effect of recording site on measurement of electrodermal activity [J]. Psychophysiology, 1992, 29(2): 241-246.

［226］ Freedman L W, Scerbo A S, Dawson M E, et al. The relationship of sweat gland count to electrodermal activity [J]. Psychophysiology, 1994, 31(2): 196-200.

［227］ Weinert C, Maier C, Laumer S. What does the skin tell us about information systems usage? A literature-based analysis of the utilization of electrodermal measurement for is research [C]. In Davis F D, et al. (eds), Information Systems and Neuroscience. Berlin Heidelberg: Springer-Verlag, 2015: 65-75.

［228］ Boucsein W, Fowles D C, Grimnes S, et al. Publication recommendations for electrodermal measurements [J]. Psychophysiology. 2012, 49: 1017-1034.

［229］ Boucsein W. Electrodermal activity [M]. New York:

Springer Science & Business Media, 2012.

[230] Vom Brocke J, Liang T P. Guidelines for neuroscience studies in information systems research [J]. Journal of Management Information Systems, 2014, 30(4): 211-233.

[231] Dimoka A, Banker R D, Benbasat I, et al. On the use of neurophysiological tools in IS research: Developing a research agenda for NeuroIS [J]. MIS Quarterly, 2012, 36: 679-A19C.

[232] Dimoka A, Pavlou P A, Davis F D. NeuroIS: The potential of cognitive neuroscience for information systems research [J]. Information Systems Research, 2011, 22(4): 687-702.

[233] 李建平，张平，王丽芳，等. 5 种基本情绪自主神经反应模式特异性的实验研究 [J]. 中国行为医学科学，2005，14(3)：257-259.

[234] 温万惠，邱玉辉，刘光远，等. 情感生理反应样本库的建立与数据相关性分析 [J]. 中国科学：信息科学，2011，41(1)：77-89.

[235] Jenning J R. Bodily changes during attending[M]. // Coles M G H, Donchin E, Porge S W. Psychophysiology: systems, processes and application, New York: Guilford Press, 1986: 268-289.

[236] Shi Y, Choi E H C, Ruiz N, et al. Galvanic skin response(GSR) as an index of cognitive workload[C]. //ACM CHI Conference Work-in-progress, San Jose, California: ACM, 2007: 2651-2656.

[237] 夏岚，王见荣，梁妃学，等. 基于生理信号的精神疲劳评估 [J]. 南方医科大学学报，2012，32(6)：870-873.

[238] Wastell D G, Newman M. Stress, control and computer system design: a psychophysiological field study [J]. Behaviour & Information Technology, 1996, 15(3): 183-192.

[239] Picard R W, Vyzas E, Healey J. Toward machine emo-

tional intelligence: Analysis of affective physiological state [J]. IEEE Transactions on Pattern Analysis and Machine Intelligence,2001,23(10):1175-1191.

[240] Ward R D, Marsden P H. Physiological responses to different WEB page designs [J]. International Journal of Human-Computer Studies,2003,59(1):199-212.

[241] Foglia P, Prete C A, Zanda M. Relating GSR signals to traditional usability metrics: Case study with an anthropomorphic web assistant [C]. //IEEE International Instrumentation and Measurement Technology Conference Proceedings. Piscataway: Institute of Electrical and Electronics Engineering, 2008: 1814-1818.

[242] Lin T, Imamiya A, Hu W. An empirical study of relationships between traditional usability [J]. Australasian Journal of Information Systems,2006,13(2):105-117.

[243] Phukan A. Measuring usability via biometrics [C]. // Ozok A A, Zaphiris P. (Eds.) Online Communities and Social Computing. Berlin Heidelberg: Springer-Verlag,2009:101-107.

[244] Lang P J, Bradley M M, Cuthbert B N. Emotion and motivation: measuring affective perception [J]. Journal of Clinical Neurophysiology,1998,15(5):397-408.

[245] Trimmel M, Poelzl G. Impact of background noise on reaction time and brain DC potential changes of VDT-based spatial attention [J]. Ergonomics,2006,49(2):202-208.

[246] Gao Q, Wang Y, Song F, et al. Mental workload measurement for emergency operating procedures in digital nuclear power plants [J]. Ergonomics,2013,56(7):1070-1085.

[247] Bach D R, Daunizeau J, Friston K J, et al. Dynamic causal modelling of anticipatory skin conductance responses [J]. Biological Psychology,2010,85(1):163-170.

[248] Bach D R, Daunizeau J, Kuelzow N, et al. Dynamic causal modeling of spontaneous fluctuations in skin conductance [J]. Psychophysiology, 2011, 48(2): 252-257.

[249] Bach D R, Friston K J. Model-based analysis of skin conductance responses: Towards causal models in psychophysiology [J]. Psychophysiology, 2013, 50(1): 15-22.

[250] 刘青, 薛澄岐. 基于眼动跟踪技术的界面可用性评估 [J]. 东南大学学报(自然科学版), 2010, 40(2): 331-334.

[251] Fischer R. Standardization to account for cross-cultural response bias: A classification of score adjustment procedures and review of research in JCCP [J]. Journal of Cross-Cultural Psychology, 2004, 35(3): 263-282.

[252] Bush L K, Hess U, Wolford G. Transformations for within-subject designs: a Monte Carlo investigation [J]. Psychological Bulletin, 1993, 113(3): 566-579.

[253] Ben-Shakhar G. Standardization within individuals: A simple method to neutralize individual differences in skin conductance [J]. Psychophysiology, 1985, 22(3): 292-299.

[254] Stemmler G. Standardization Within Subjects: A Critique of Ben-Shakhar's Conclusions [J]. Psychophysiology, 1987, 24(2): 243-246.

[255] Ben-Shakhar G. The correction of psychophysiological measures for individual differences in responsivity should be based on typical response parameters: A reply to Stemmler [J]. Psychophysiology, 1987, 24(2): 247-249.

[256] Paintal A S. A comparison of the galvanic skin responses of normals and psychotics [J]. Journal of Experimental Psychology, 1951, 41(6): 425-428.

[257] Laparra-Hern Ndez J, Belda-Lois J, Medina E, et al. EMG and GSR signals for evaluating user's perception of differ-

ent types of ceramic flooring [J]. International Journal of Industrial Ergonomics,2009,39(2):326-332.

[258] 赵晓华,许士丽,荣建,等.基于ROC曲线的驾驶疲劳脑电样本熵判定阈值研究[J].西南交通大学学报,2013,48:178-183.

[259] Centor R M,Schwartz J S. An evaluation of methods for estimating the area under the receiver operating characteristic (ROC) curve [J]. Medical Decision Making,1985,5(2):149-156.

[260] 张丽萍,肖春达. IT产品的可用性测试与评估[J].计算机工程与应用,2003,39(9):73-75.

[261] Akers D L. Backtracking events as indicators of software usability problems [D]. Stanford:Stanford University,2009.

[262] Montgomery D C. 实验设计与分析[M].傅钰生,张健,王振羽,解燕,译.北京:人民邮电出版社,2009:112-119.

[263] Mandryk R L,Inkpen K M,Calvert T W. Using psychophysiological techniques to measure user experience with entertainment technologies [J]. Behaviour & Information Technology, 2006,25(2):141-158.

[264] Wu Z,Huang N E. Ensemble empirical mode decomposition:a noise-assisted data analysis method [J]. Advances in Adaptive Data Analysis,2009,1(01):1-41.

[265] Blanco-Velasco M, Weng B, Barner K E. ECG signal denoising and baseline wander correction based on the empirical mode decomposition [J]. Computers in Biology and Medicine, 2008,38(1):1-13.

[266] Yeh J-R,Sun W-Z,Shieh J-S,et al. Intrinsic mode analysis of human heartbeat time series [J]. Annals of Biomedical Engineering,2010,38(4):1337-1344.

[267] Huang N E,Shen Z,Long S R,et al. The empirical mode decomposition and the Hilbert spectrum for nonlinear and non-stationary time series analysis [J]. Proceedings of the Royal

Society of London A: mathematical, physical and engineering sciences, 1998, 454: 903-995.

[268] 陈略，訾艳阳，何正嘉，等. 总体平均经验模式分解与1.5维谱方法的研究 [J]. 西安交通大学学报，2009，43(5)：94-98.

[269] Wu Z, Huang N E. A study of the characteristics of white noise using the empirical mode decomposition method [J]. Proceedings of the Royal Society of London A: mathematical, physical and engineering sciences, 2004, 460: 1597-1611.

[270] Lawler K A. Cardiovascular and electrodermal response patterns in heart rate reactive individuals during psychological stress [J]. Psychophysiology, 1980, 17(5): 464-470.

[271] Talebinejad M, Chan A D, Miri A. A Lempel-Ziv complexity measure for muscle fatigue estimation [J]. Journal of Electromyography and Kinesiology, 2011, 21(2): 236-241.

[272] Gao J, Cao Y, Tung W-W, et al. Multiscale analysis of complex time series: integration of chaos and random fractal theory, and beyond [M]. New Jersey: John Wiley & Sons, 2007.

[273] Aboy M, Hornero R, Ab Solo D, et al. Interpretation of the Lempel-Ziv complexity measure in the context of biomedical signal analysis [J]. IEEE Transactions on Biomedical Engineering, 2006, 53(11): 2282-2288.

[274] Abásolo D, Hornero R, Gómez C, et al. Analysis of EEG background activity in Alzheimer's disease patients with Lempel-Ziv complexity and central tendency measure [J]. Medical Engineering & Physics, 2006, 28(4): 315-322.

[275] 陈文伟，阮炯，顾凡及. 基于替代数据思想的复杂度归一化方法及其在心电信号分析中的应用 [J]. 生物物理学报，2006，22(2)：144-148.

[276] 刘新元，闵一建. 肌音信号三元符号化L-Z复杂度分析 [J]. 声学技术，2011，30(6)：245-246.

［277］Hu J,Gao J,Principe J C. Analysis of biomedical signals by the Lempel-Ziv complexity:the effect of finite data size ［J］. IEEE Transactions on Biomedical Engineering,2006,53(12):2606-2609.

［278］Zhang Y,Hao J,Zhou C,et al. Normalized Lempel-Ziv complexity and its application in bio-sequence analysis ［J］. Journal of Mathematical Chemistry,2009,46(4):1203-1212.

［279］郭文臣,代容,孙韶声. 中国管理案例研究的现状与趋势刍议［J］. 管理学报,2016,13(5):664-670.

［280］Yin R K. Case study research:Design and methods［M］. London:Sage Publications,2013.

［281］郑伯埙,黄敏萍. 实地研究中的案例研究［M］. 陈晓萍,徐淑英,樊景立. 组织与管理研究的实证方法(第二版). 北京:北京大学出版社,2012:236-271.

［282］任胜钢,曾慧,董保宝. 网络跨度与信任的交互效应对创业绩效影响的纵向案例研究［J］. 管理学报,2016,13(4):473-482.

［283］魏炜,胡勇,陈伟剑. 发现和打造企业竞争的三度空间——一个多案例研究［J］. 管理评论,2016,28(1):229-240.

［284］Chen H,Zheng Z E,Ceran Y. De-biasing the reporting bias in social media analytics ［J］. Production and Operations Management,2016,25(5):849-865.

［285］Hancock P A. Automation: how much is too much? ［J］. Ergonomics,2014,57(3):449-454.

［286］Parasuraman R,Byrne E A. Automation and human performance in aviation ［C］. Tsang P,Vidulich M.(eds.)Principles and Practice of Aviation Psychology. Mahwah,NJ:Erlbaum,2003:311-356.

［287］Kaber D B,Onal E,Endsley M R. Design of automation for telerobots and the effect on performance,operator situation awareness,and subjective workload ［J］. Human Factors and

Ergonomics in Manufacturing,2000,10(4):409-430.

[288] Challenger R,Clegg C W,Shepherd C. Function allocation in complex systems:reframing an old problem [J]. Ergonomics,2013,56(7):1051-1069.

[289] Ha T,Lee S. User behavior model based on affordances and emotions:a new approach for an optimal use method in product-user interactions [J]. International Journal of Human-Computer Interaction,2015,31(6):371-384.

[290] Ivonin L,Chang H-M,Díaz M,et al. Beyond cognition and affect:sensing the unconscious [J]. Behaviour & Information Technology,2015,34(3):220-238.

[291] Hart S G,Staveland L. Development of the NASA task load index(TLX):results of empirical and theoretical research[C]//Hancock P A,Meshkati N. Human Mental Workload. Amsterdam:Elsevier,1988:139-183.

[292] 郭伏,钱省三. 人因工程学 [M]. 北京:机械工业出版社. 2005.

[293] 李晓军,肖忠东,孙林岩,等. 可用性测试中用户皮肤电水平变化分析——基于 EEMD 的方法[J]. 应用心理学,2013,19(4):324-331.

[294] 李晓军,陈颂,孙林岩,等. 界面可用性对用户 SCL 信号 LZ 复杂度的影响[J]. 计算机工程与设计,2014,35(6):2234-2238,2254.

[295] 李晓军,肖忠东,孙林岩,等. 可用性问题严重程度对交互过程用户皮肤电导水平的影响[J]. 系统管理学报,2015,24(4):465-471.

[296] 李晓军,肖忠东,李嘉. 基于案例的嵌入式信息系统可用性检查列表的开发研究[J]. 管理学报,2016,13(4):595-604.

[297] 李晓军,肖忠东,李嘉. 信息系统可用性问题对用户情绪的影响[J]. 管理学报,2017,14(7):1079-1087.

[298] 李晓军,肖忠东,李嘉,等.信息系统可用性问题类型及严重度对用户主观情绪的影响[J].系统管理学报,2017,26(5):809-815,834.

[299] 李晓军,肖忠东,祝春阳,等.信息系统可用性与用户情绪关系:基于共词分析的研究[J].人类工效学,2017,23(4):72-79.

[300] 李晓军,肖忠东,祝春阳,李嘉.信息系统可用性问题对用户情绪知觉的影响[J].应用心理学,2018,24(2):164-174.